LA PODA

LA PODA

susaeta

Dirección Editorial
M.ª Jesús Díaz

Textos principales realizados por
Francisco Javier Alonso de la Paz, conforme a las instrucciones de Susaeta Ediciones S. A.

Proceso
Antonia M.ª Martínez

Corrección de textos a cargo de
Sara Torrico + Equipo Susaeta

Estructura e integración de textos
Miguel Ángel San Andrés

© Susaeta Ediciones S.A. (fotografías, ilustraciones y diseño) por compra a **Producción Gráfica Grupo 7 Editorial** de los derechos exclusivos, para todos los canales de distribución.

Fotografías: Eduardo Agudelo

Ilustraciones: Jorge Montoya

Diseño: Carlos González-Amezúa

Cualquier forma de reproducción o transformación de esta obra sólo puede ser realizada con la autorización de los titulares del copyright. Dirijase además a CEDRO (Centro Español de Derechos Reprográficos, www.cedro.org) si necesita fotocopiar o escanear algún fragmento de esta obra.

© SUSAETA EDICIONES, S. A. - Obra colectiva
Campezo, 13 - 28022 Madrid
Tel.: 913 009 100 - Fax: 913 009 118
www.susaeta.com

SUMARIO

El arte de podar 7

- Herramientas y útiles 8
- Métodos de corte 10
- Tratamiento de heridas 14
- Calendario de poda 16
- Setos con encanto 18
- Desarrollo vertical y horizontal 20
- Poda de herbáceas 22
- Poda de frutales 24
- Los arbustos de flor 28
- Las plantas trepadoras 32
- El arte topiario 34

Formas y figuras 39

- Sombra ornamental 40
- Copas de formas geométricas 42
- Coníferas con perfil 44
- Superficies verticales 46
- Frutales con estética 48
- Jardín de rosas 50

Técnicas de poda 53

- Poda de mantenimiento 54
- Poda de arbolado 58
- Poda de arbustos perennes 64
- Poda de arbustos caducos 68
- Poda de coníferas 72
- Poda de setos 76

Fichas de plantas 79
Índice de especies 94

El arte de podar

La poda podría contemplarse como una de las labores propias del calendario de mantenimiento anual del jardín, aunque lo cierto es que tiene más relación con una actividad artística que con un mero proceso de conservación. Es necesario dominar la técnica, pero ésta se debe poner en práctica con criterios estéticos y ejerciendo un mínimo nuestra capacidad de abstracción.

Los ojos y las manos de un artista

Cuando por primera vez uno tiene en las manos unas tijeras de poda y se dispone a realizar un corte en la rama de un pequeño arbusto surge la duda: ¿por aquí o por allá?, ¿voy a hacer algo irreversible o la planta se recuperará sin problemas? El modo y la forma en los que debe efectuarse una buena labor de poda son dos cuestiones que tanto el aficionado como el especialista podador deben tener siempre presentes como referencia. Ambos aspectos de la poda abarcan una amplia variedad de técnicas; además son tantas las especies y los tipos de plantas ornamentales que es posible encontrar en un jardín y tan diversas las podas que se pueden aplicar, que puede llegar a resultar abrumador. Es preferible ir paso a paso, afianzándose en el conocimiento de esta labor para que sea plenamente satisfactoria. Como punto de partida y antes de comenzar, conviene tener presente la respuesta de cuatro cuestiones: qué, cómo, cuándo y por qué realizar la poda. Como es lógico, en ocasiones serán muy sencillas de contestar, como es el caso, por ejemplo, de la preparación de setos o la limpieza y retirada de flores marchitas, tareas que se van complicando a medida que se profundiza en el cultivo de especies y variedades de alto valor botánico y estético. Como es obvio, la técnica debe conocerse y dominarse, pero no hay que olvidar que con esta labor se pretende encontrar el equilibrio y la armonía en las formas, haciendo gala de una buena capacidad de abstracción tanto espacial como temporal... En realidad, se necesitan los ojos y las manos de un artista.

◀ **Formas y figuras.** *Con unas tijeras es posible moldear la silueta de casi cualquier ejemplar cultivado en el jardín; sólo es necesario un poco de paciencia y unas manos virtuosas.*

▶ **Combinación de formas.** *Cada tipo de planta necesita unas técnicas concretas de poda para sacar el mayor partido a su desarrollo.*

Herramientas y útiles

No es posible realizar una buena labor de poda si no se cuenta con las herramientas adecuadas. Además, al tratarse en la mayoría de los casos de útiles de corte, deben mantenerse en perfecto estado de conservación, tanto por el daño que podrían causar si no estuviesen bien afilados como por la cantidad de enfermedades que podrían transmitir si no se limpiasen correctamente.

Cortes y recortes

La acción de podar lleva consigo el concepto de cortar, incluso se puede llegar a decir que son sinónimos si no fuera porque en la poda los cortes no se pueden dar de cualquier forma ni en cualquier momento. Realizar un buen corte en la rama de un árbol o un arbusto leñoso es muy importante, tanto para el resultado inmediato como para asegurar la viabilidad estética y vital del ejemplar podado. Para ello, resulta fundamental conocer los accesorios que precisa el podador para realizar su tarea. Es evidente que no se puede llevar a cabo este trabajo con las manos, pues como mucho se podría llegar a tronchar la rama con cierta precisión; por esta razón las herramientas de corte son indispensables, y entre ellas destacan las sierras y los serruchos, las tijeras de hoja corta o larga, ya sean podaderas de una o dos manos, y las navajas que se utilizan a modo de bisturí para rebajar, perfilar o retocar los cortes dados con los utensilios de menor precisión. En estos casos hay que tener presente que el mantenimiento de las partes que entran en contacto con las plantas es prioritario, tanto en el aspecto higiénico como en el funcional: las hojas de las sierras, tijeras y navajas deben conservarse limpias, sin óxidos ni restos de savia

▲ Tijeras de corte. *Los principales tipos de tijera que pueden utilizarse tienen diferentes clases de hoja —corta y larga— y distintos modos de manejo —una o dos manos y acople en pértiga—.*

▶ Fortaleza. *Para cierto tipo de maderas unas tijeras convencionales pueden no ser suficientes.*

o resinas, desinfectadas para evitar la presencia de hongos, bacterias y virus patógenos, y perfectamente afiladas para que los cortes puedan realizarse con facilidad y precisión. Se podría pensar que estas herramientas son suficientes para acometer todas las tareas de poda, aunque lo cierto es que se debe contar con medios auxiliares adicionales tan prácticos como una escalera firme y cómoda, pértigas a las que puedan acoplarse unas tijeras o una hoja de sierra y accesorios de protección personal, como un juego de guantes y unas gafas, elementos básicos. Las medidas de prevención de accidentes deben ser mayores aún si las labores de poda se llevan a cabo empleando máquinas de corte como motosierras o cortasetos; en estos casos es imprescindible usar chaqueta y pantalones anticorte. Con este tipo de máquinas, ya sean accionadas con motores eléctricos o de gasolina, se consigue elevar el rendimiento en el trabajo de un modo eficaz. Constituyen un elemento indispensable cuando las ramas de los árboles son muy gruesas o cuando se ha de realizar el trabajo en un buen número de ejemplares, como es el caso de los grandes setos existentes en los perímetros de las parcelas ajardinadas, en los que la altura y la longitud resultan considerables. Esta relación de útiles auxiliares incluye los básicos y necesarios en el jardín de todo

Herramientas y útiles   9

◀ ELEMENTOS DE PROTECCIÓN. *Evitar cortes en el cuerpo debe ser una prioridad en las medidas de prevención que se deben tomar.*

▲ PÉRTIGAS Y ESCALERA. *Cuando los ejemplares alcanzan gran desarrollo, como es el caso de este rosal, es preciso el empleo de accesorios como pértigas acopladas a tijeras, sierra y escaleras.*

◀ VARIOS ÚTILES. *Para realizar determinadas podas no basta con un solo tipo de herramienta.*

aficionado a la jardinería, pero en ocasiones puntuales puede ser necesario emplear elementos profesionales, para lo cual es recomendable acudir a jardineros cualificados o empresas del sector con una dilatada experiencia. Así, en jardines extensos o, simplemente, en aquellos que disponen de ejemplares de gran porte, las escaleras convencionales no son suficientes y es preciso hacer uso de plataformas elevadoras o de técnicas de trepa para acceder a las ramas de las copas de grandes dimensiones que se desarrollan a alturas considerables. Similares circunstancias se producen en la poda de los setos de gran tamaño, en la que hay que emplear andamios sobre los que apoyarse para trabajar de forma correcta. En caso de tener que recurrir a podas drásticas e incluso talas, las sierras de corte, inevitablemente, deberán ser mecánicas y además de mucha mayor potencia, y las medidas de seguridad se tornarán más exhaustivas e importantes. La última intervención en la labor de poda es la retirada y la eliminación de los restos, que siempre conviene realizar de forma adecuada, pues no hay que olvidar que los desperdicios son orgánicos y por lo tanto reutilizables en el jardín. Para llevar a cabo esta tarea, una trituradora o desfibriladora de restos vegetales, así como una compostadora pueden resultar sin duda de gran ayuda para eliminar la broza y, al mismo tiempo, mejorar la calidad del suelo del jardín. Si no se dispone de estas máquinas, habría que deshacerse de los restos en una planta de compostaje.

Métodos de corte

Antes de poner en práctica las labores de poda, es requisito imprescindible dominar los numerosos métodos y sistemas de corte existentes. En función de las necesidades de cada ejemplar, y dependiendo de la técnica utilizada, se debe aplicar la fuerza de forma distinta para obtener como resultado diferentes tipos de corte.

Cuestión de técnica y delicadeza

En las labores de poda es muy importante seguir un método, e incluso en ocasiones se podría hablar de un protocolo de actuación basado en cuestiones puramente técnicas. Esto constituye la base fundamental para saber qué hacer sin miedo a arriesgar la estética de un ejemplar y evitar que ciertas enfermedades proliferen aprovechando los cortes como vía de entrada. Un buen observador será un buen podador y, a simple vista, las primeras actuaciones de poda sobre las que se puede iniciar cualquier persona, especialista o aficionado, son las encaminadas a eliminar las ramas secas (esta labor es extensiva a todas las partes de la planta, tanto en las leñosas como en las herbáceas, y atañe a tallos principales, pedúnculos florales y las propias hojas, como podría ser el caso del grupo de las gramíneas o las plantas crasas y cactus), gran parte de ellas muertas de forma natural y que con el paso del tiempo van acumulándose por doquier, afeando e incluso perjudicando a las partes sanas y vigorosas de la planta. La mayoría puede cortarse a ras de punto de brote, tanto si se encuentran insertadas en una rama principal como si están situadas en el propio tronco. El segundo tipo de ramas que se han de cortar son aquellas que, sin estar del todo muertas, ofrecen un aspecto muy deteriorado, ya sea porque se han secado en parte, presentan algún desgarro parcial, o si muestran síntomas de alguna enfermedad de origen fúngico o bacteriológico. Este tipo de ramas quizá es más peligroso para la viabilidad del propio ejemplar que el primero, pues se trata de ramas debilitadas que fácilmente enfermarán y contribuirán a extender el problema a otras partes de la planta. Hay que practicar el corte en la madera sana, por debajo de las zonas afectadas, buscando siempre un brote o una yema vigorosa como punto de regeneración. En cualquier caso, a la menor duda, conviene realizar el

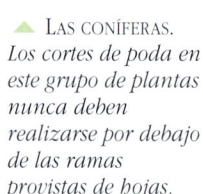

▲ Las coníferas. *Los cortes de poda en este grupo de plantas nunca deben realizarse por debajo de las ramas provistas de hojas.*

▶ Recorte de perfiles. *El corte de setos y el perfilado de ejemplares no tiene nada de minucioso, aunque sí es importante elegir el momento del año más propicio para efectuarlo.*

◀ Despunte de flores. *La poda de flores marchitas, realizada por encima de las nuevas yemas, tiene como resultado un aumento del número de flores.*

▲ FORMACIONES EN COPA. *Además de mantener la silueta de la copa, hay que cortar a ras de superficie de tallo todos los chupones y brotes que se desarrollen.*

▲ BORDURAS Y TOPIARIA. *En formaciones estrechas o de escaso desarrollo, el número de cortes que se deben realizar al año se incrementa considerablemente con el fin de mantener las siluetas.*

corte a ras de brote, justo por encima del punto de inserción. Una vez realizadas las labores de limpieza y saneamiento de la planta, se comienza a trabajar con ramas sanas sin ningún problema aparente; su corte sólo se justifica a efectos de modular el aspecto estético, si la especie en cuestión así lo admite, o con objeto de mejorar su desarrollo y crecimiento, rectificando cualquier posible desequilibrio estructural o malformación que pueda provocar a medio o largo plazo problemas irreversibles o desvío en las direcciones de crecimiento, que podrían descompensar en gran medida su porte y silueta natural. Como es de suponer, con este planteamiento se abre un amplio repertorio de actuaciones que podrían ordenarse según su prioridad en función de la edad del ejemplar. Antes de iniciar cualquier labor de poda, es fundamental que las condiciones de cultivo sean adecuadas, y en especial las de plantación del árbol, arbusto o planta herbácea en cuestión; es imprescindible asegurarse de que enraíza adecuadamente y muestra nuevos brotes sanos y vigorosos durante al menos dos temporadas, con una dirección de crecimiento vertical y un desarrollo compensado. Transcurrida esta importante etapa comienzan a ser necesarias las labores de poda iniciales, con las que se eliminan los brotes bajos por debajo de la copa o los chupones que despuntan a partir del cepellón de raíces y le restan mucha fuerza al fuste o tallo principal. También es posible que los brotes que despuntan en

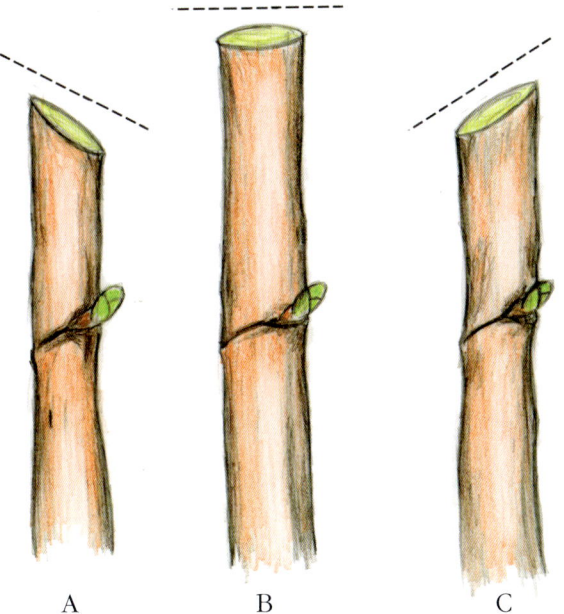

▼ ORIENTACIÓN DEL BROTE. *Se poda por encima del brote y muy cerca de él. Dependiendo del brote elegido, se orienta el crecimiento en una u otra dirección.*

A B C

▲ CÓMO REALIZAR EL CORTE. *En el ejemplo A el corte oblicuo de la rama en el mismo lado que el brote deja un amplio tramo con respecto a este último. No es una buena opción, pues esta zona inservible se va a secar y puede provocar enfermedades que afecten al resto de la planta. En el ejemplo B el corte en horizontal, igual que en el caso A, está practicado a demasiada distancia del brote; cortar también en horizontal pero en un lugar cercano al brote puede malograrlo. La opción C es la más adecuada: un corte oblicuo en el lado contrario al brote y muy próximo a éste, acompañando su dirección.*

▲ **Cuestión de tamaño.** *Mediante las técnicas de poda es posible mantener el tamaño de los ejemplares cultivados.*

▲ **Cicatrices de poda.** *Es importante realizar los cortes correctamente y conseguir un buen acabado para favorecer la cicatrización.*

posiciones correctas adquieran una dirección de crecimiento incorrecta, o que incluso lleguen a competir con el eje o tallo principal; en este caso es recomendable realizar el despunte tan pronto como sea posible. Los ejemplares plantados pueden ser adultos y disponer de un porte ya claramente definido, que sólo habrá que mantener, o bien, como además suele ser habitual, puede tratarse de plantas jóvenes sin forma clara ni estructurada, en cuyo caso es necesario elegir y, más importante aún, visualizar cuál será su futuro y esperado aspecto final. Formaciones en copa de tallo alto o medio tallo, espalderas, cordones, formaciones arbustivas en pirámide, bola o naturalizadas... Las posibilidades son muchas, y en todas ellas es preciso crear una estructura de ramas y tronco acorde a cada una. Para lograrlo, conviene tener muy claro los diversos cortes que pueden realizarse y, al mismo tiempo, cómo y cuándo deben practicarse. En lo que respecta a las diferentes clases de corte, los más habituales son los efectuados hasta una yema, que se practican fundamentalmente en ramas de primer año y en los extremos terminales de cada una de ellas, en cuyo caso el corte será oblicuo siguiendo siempre la dirección de crecimiento, y justo por encima de una yema; hay que procurar además no producir ningún desgarro sobre la corteza. El siguiente tipo de corte es el que se realiza en ramas que no son del primer año cuando adquieren una dirección de crecimiento inadecuada, presentan alguna malformación o simplemente se encuentran muy envejecidas. En tal caso, se buscará siempre la rama lateral más adecuada por la dirección de crecimiento o el aspecto, que servirá como vástago de reemplazo, y se realizará el corte justo por encima del punto en el que se bifurca. Por último, existe la posibilidad de tener que realizar cortes en ramas a ras de tronco, en cuyo caso el diámetro puede tener ya cierto grosor, y además de tijera incluso puede ser necesario el empleo de una sierra. Para efectuarlo de forma correcta, el corte debe ser paralelo a la dirección de crecimiento del tronco. Si se realiza con tijera y la rama tiene poco peso, se dará un primer corte o se serrará de arriba abajo, con cuidado para no producir desgarros ni cortes en la corteza del tronco; es recomendable repasar con una cuchilla los márgenes de la sección para perfilar bien la herida. En caso de que la rama tenga ya cierto peso, conviene realizar un primer corte en la parte inferior de la rama y unos centímetros por encima, y desde arriba practicar ya el corte deseado; de este modo se consigue que al vencerse por su propio peso no se produzcan desgarros en la corteza ni en la madera. Para acabar el trabajo habrá que dar otro corte de arriba abajo, ya por el punto definitivo a ras de tronco.

▲ Las ideas claras. *Antes de comenzar las labores de poda, hay que observar el jardín en su conjunto.*

◀ Arbustos con flor. *La mayoría de los arbustos con flor precisan labores de poda tras su marchitamiento.*

Tratamiento de heridas

Las heridas pueden deberse a circunstancias accidentales que provocan daños en la corteza del tronco y las ramas de los árboles y arbustos, o bien pueden estar provocadas por las labores de poda. Tan pronto como se produzcan, deben ser tratadas adecuadamente para evitar malas cicatrizaciones y problemas a medio y largo plazo.

Cuestión de cicatrización

Si se siguen las recomendaciones básicas al practicar los cortes de poda durante las labores de mantenimiento, las heridas provocadas resultarán poco agresivas, tendrán una fácil cicatrización y será difícil que tanto los insectos perforadores como los hongos xilófagos (que se alimentan de madera) penetren y produzcan daños en el ejemplar. En cualquier caso, aun realizando los cortes de un modo apropiado, siempre conviene repasar los márgenes de la sección, perfilándolos con una hoja de pequeñas dimensiones y bien afilada (navaja o cuchilla) que elimine irregularidades, astillas o algún posible desgarro de la corteza. Si la rama no es demasiado gruesa bastará con este tipo de cuidados, pero si su diámetro es superior a los 10 cm se recomienda aplicar pasta cicatrizante que proteja temporalmente la herida hasta que se cierre de forma natural. Muy diferente es el caso de las roturas y los desgarros provocados por la acción de los agentes climatológicos, especialmente cuando se producen fuertes vientos y tormentas, así como los golpes, resquebrajamientos o descortezados causados por accidentes, como puede ser el paso de un vehículo o los trabajos con maquinaria de diversa índole en obras de reforma o acondicionamiento del propio jardín. En este tipo de situaciones, en primer lugar es preciso valorar y cerciorarse del alcance de los daños y, a

▶ Podas drásticas. *El terciado y desmoche son técnicas que sólo deben utilizarse en casos excepcionales, ya que la cicatrización de las heridas resulta mucho más complicada.*

▲ Belleza y salud. *El atractivo visual de un jardín es el resultado de la correcta aplicación de labores como la poda.*

continuación, estimar cuál es el método de corte más apropiado para repararlo. Hay que practicar los cortes con la finalidad de conseguir secciones limpias y bien perfiladas, provistas de superficies lisas sobre las que poder aplicar la pasta cicatrizante, y conviene evitar en la medida de lo posible la presencia de oquedades, grietas y madera desgarrada, pues provocarán fisuras por las que puede filtrarse el agua o acumularse materia orgánica, que sin duda acabará descomponiéndose. Este tipo de heridas mal curadas son las que a corto y medio plazo ocasionan pudriciones y fisuras en los troncos y ramas, que con el paso del tiempo llegan a debilitar la estructura del ejemplar y suponen un riesgo serio para la viabilidad del árbol o arbusto. Cuando se produce esta clase de problemas, lo más recomendable es recurrir a la cirugía arbórea, cuyo objetivo es eliminar toda la madera en mal estado que por efecto del agua, los insectos y los hongos va deteriorándose y pudriéndose y llega a producir verdaderas oquedades en el interior del tronco y las ramas principales. Con el uso de las herramientas adecuadas hay que horadar la madera dañada, perfilar los márgenes de la herida y proteger e incluso tapar la oquedad creada, para evitar la proliferación de los agentes que afectan a la madera, al tiempo que se consolida su estructura. Se trata, sin más, de sanear la zona dañada cubriéndola con un material impermeable, flexible, aséptico y duradero que garantice un buen resultado.

▲ PASTA CICATRIZANTE. *En cortes de gran sección el uso de pasta cicatrizante resulta indispensable.*

▶ PODA DE TRASPLANTE. *Se trata de una poda drástica en la copa que equilibra la reducción de la masa de raíces en el cepellón.*

◀ TRABAJOS DELICADOS. *Dependiendo del ejemplar, las heridas pueden tratarse con mayor o menor delicadeza.*

Calendario de poda

Si el jardín cuenta con diversas especies y diferentes tipos de ejemplares hay que realizar labores de poda prácticamente durante todo el año, aunque siempre se produce una mayor concentración de las tareas específicas a lo largo del otoño y el invierno, y de las básicas de limpieza y saneamiento en la época estival.

¿Una labor estacional o continua?

A esta pregunta hay que responder desde diferentes puntos de vista. Se podría decir que las labores de poda se encuentran estrechamente vinculadas a la climatología, ya que hay que tener presente el ciclo de vida de las plantas, que se ajusta al cambio que se produce entre las estaciones propicias y las desfavorables. Pero lo cierto es que también influyen otras circunstancias puntuales. Algunos de los condicionantes que hay que tener en cuenta son el carácter perenne o caduco de cada especie: las plantas perennes pueden aceptar una poda más continua, habitualmente durante el periodo propicio del año, mientras que las caducas casi ven restringido el momento de poda a las estaciones desfavorables, y siempre tras la pérdida de las hojas. Otro rasgo importante es si dispone de tallos leñosos o, por el contrario, son herbáceos, pues en este caso las labores se ciñen al momento de desarrollo vegetativo o al inmediato tras el marchitamiento de flores, tallos y hojas, mientras que en las leñosas resulta muy variable y prevalecen otros aspectos. Los otros factores, quizá más particulares y puntuales, que intervienen son su hábito de crecimiento y la parte de la planta en la que reside su carácter ornamental, especialmente cuando se trata de la producción de flores y frutos en épocas de parada vegetativa o, al menos, en los límites de las estaciones propicias de desarrollo; estos rasgos disfrutan siempre de preferencia frente a la poda. En lo que concierne al hábito de crecimiento, los ejemplares de porte arbóreo suelen demandar una única poda, que puede ser anual o tener una periodicidad aún más elevada, y siempre debe realizarse en parada

▲ Poda de gramíneas. *Tras finalizar el periodo vegetativo al final del verano, es necesario llevar a cabo una poda de manera intensa en la mayor parte de las plantas herbáceas gramíneas.*

▶ Arbustos de flor. *La eliminación de las flores marchitas es una labor continua durante el periodo de floración, aunque luego cada especie requiere un tipo de poda individualizado.*

CALENDARIO DE PODA   17

vegetativa, salvo en casos excepcionales. En los ejemplares de hábito arbustivo el calendario se complica considerablemente, ya que se tiene en cuenta el tipo de formación para el que se cultivan, como es el caso de los setos, los ejemplares con forma y las plantas trepadoras, que requieren dos o más trabajos de poda, aunque los principales se realizan en las estaciones de primavera y otoño.

La importancia del clima

- Estaciones propicias: la planta encuentra las condiciones adecuadas para desarrollarse y completar su ciclo vegetativo (la brotación, el crecimiento, la floración y la fructificación).
- Estaciones desfavorables: las bajas temperaturas y la falta de luz suelen provocar una parada vegetativa en la mayoría de las especies, en la que reducen el flujo de savia, pierden las hojas y se quedan en estado de latencia para soportarlo.

◀ LOS ÁRBOLES CADUCOS. *El momento más propicio para podar sus ramas es durante el invierno.*

▲ PLANTAS NO LEÑOSAS. *Las labores de limpieza y saneamiento se realizan durante toda la época de desarrollo, hasta la llegada de los primeros fríos.*

▼ PLANTAS TREPADORAS. *Dos podas al año son las habituales, siempre y cuando se respete la época de floración en aquellas especies que la ofrezcan.*

Setos con encanto

Uno de los elementos vegetales que precisan labores de poda de forma más intensiva es el seto, formado habitualmente por la alineación de ejemplares pertenecientes a la misma especie. Puede emplearse para delimitar espacios, proporcionar protección o establecer una barrera visual y acústica con respecto al conjunto del jardín.

Setos y borduras ornamentales

Sólo algunas especies son aptas para dar estructura y configurar un seto, ya que deben cumplir varios requisitos, entre los que destaca principalmente la posibilidad de admitir labores de poda intensiva y una gran capacidad de regeneración. En segundo lugar prevalece el carácter perenne sobre el caduco, el que tenga un follaje resistente y con una variabilidad cromática sobre los convencionales tonos verdes y las hojas sensibles a la climatología y, por último, el crecimiento de las ramas de forma multidireccional frente a los ejemplares que desarrollan siluetas o perfiles muy definidos. En tales circunstancias, algunas especies del grupo de las coníferas, las aromáticas y las arbustivas de gran porte con hojas perennes y lustrosas son las más habituales. Se eligen las de talla baja para las creaciones de borduras y las que llegan a alcanzar portes arbóreos para la confección de setos convencionales. En función del grado de control que se desee lograr en cuanto a anchura, altura y definición del perfil, las podas serán más o menos reiteradas, y se establecerá un mínimo de dos actuaciones al año que coincidirán con las estaciones de primavera y otoño para frondosas, e invierno y verano para coníferas. En algunos casos, como sucede con los géneros *Ligustrum* sp. (aligustre), *Buxus* sp. (boj) o *Lonicera* sp. (madreselva), pueden requerir una tercera y hasta una cuarta poda cuando se trata de realizar borduras de pequeña altura o que conforman figuras irregulares que necesitan una elevada nitidez de trazo para poder ser apreciadas en toda su plenitud. En otros casos, para practicar de forma adecuada los cortes de poda, y en especial en los setos donde la altura es considerable o existen líneas muy definidas, el empleo de guías horizontales y verticales que marquen el trazado resulta indispensable para efectuar una poda correcta y equilibrada estéticamente. Este procedimiento consiste en clavar unas piquetas o varillas en los extremos del tramo que se va a cortar, que deberán estar niveladas en vertical y sobresalir horizontalmente. Sobre ellas se coloca una cuerda o un cordel nivelado horizontalmente para marcar la línea de corte en la parte superior y, si se estima necesario, también en los tramos intermedios.

▲ Tijeras de perfilar. *Se caracterizan por poseer un mango largo y hojas anchas.*

◀ Técnica. *Al igual que en la creación de formas geométricas, en los setos se aplican las podas intensivas.*

▲ Setos y formas. *Los setos, además de tener un carácter funcional, también se pueden emplear con fines meramente estéticos.*

▶ ESTRUCTURA DE UN SETO DE BOJ.
A) *Tras la plantación, en invierno, se podan las ramas a un palmo del suelo.*
B) *A comienzos de verano se clavan unas varillas en los extremos del seto y se extiende un cordel perfectamente nivelado que marque la línea de corte de la parte superior, que se practicará como a 50 cm del suelo.*
C) *Al año siguiente y en los sucesivos se poda al menos en dos ocasiones, en primavera y a finales de verano, dejando que crezca cada vez un poco más, hasta que tenga la altura deseada.*

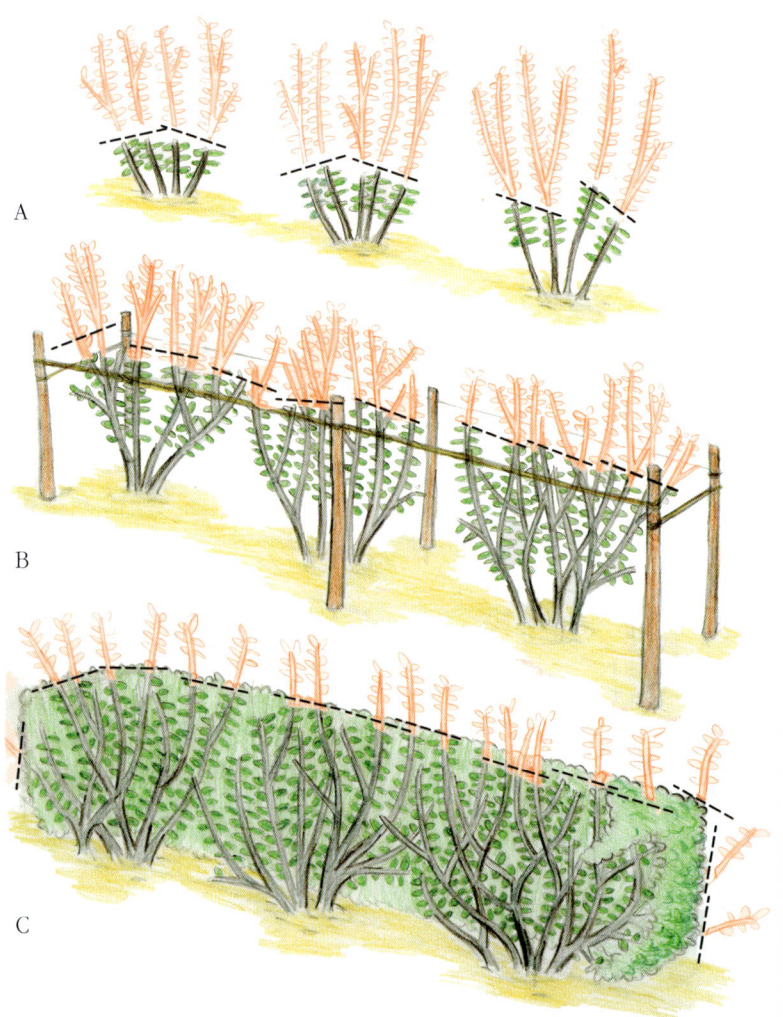

▲ BOJ. *Esta planta es muy útil en borduras y setos bajos gracias a sus rasgos diferenciadores.*

▶ EL MOMENTO DE LA PODA. *Algunas especies aptas para conformar setos ofrecen rasgos ornamentales que deben respetarse en las labores de poda.*

Desarrollo vertical y horizontal

Con las labores de poda lo que se persigue fundamentalmente es controlar el crecimiento tanto en el plano vertical, la altura, como en el horizontal, la anchura y el fondo. Es el objetivo prioritario, aunque también se puede realizar para favorecer la floración o controlar la fructificación, airear y descargar de ramas una copa o lograr que sea más compacta.

Diseño estructural

Con independencia del objetivo estético y funcional de los trabajos de poda que se aplican a un ejemplar de porte arbustivo o arbóreo, es muy importante tener en cuenta que con cada corte lo que realmente se está realizando —y tendrá repercusiones a medio y largo plazo sobre la planta— es un control de su desarrollo estructural en tres direcciones, la altura, la anchura y la longitud o el fondo. Es decir, se está condicionando su crecimiento vertical y horizontal, lo que además tiene una relevante incidencia en su estructura —en la que la simetría de la copa, el reparto de peso y volumen en las ramas primarias y la inclinación del

▲ Descarga de peso. *En ocasiones, las podas enfocadas a incrementar el rendimiento de un ejemplar en floración y fructificación pueden tener como consecuencia que los tallos que soportan el peso de las flores y frutos se tronchen con facilidad.*

◀ Formas geométricas. *La visión desde diferentes perspectivas antes de practicar el corte ayuda en gran medida a conseguir formas y siluetas algo más complicadas.*

▶ Formas caprichosas. *Si se tiene la capacidad de visualizar de modo imaginario formas en el espacio, resulta más sencillo lograr los objetivos deseados.*

▶ Cálculo de pesos y fuerzas. *Con las labores de poda se puede equilibrar progresivamente el centro de gravedad de una planta, evitando así tensiones insoportables para ramas y tronco.*

▼ Setos irrecuperables. *Cortes reiteradamente mal hechos pueden provocar desvíos verticales difíciles de recuperar.*

eje de la planta es fundamental para la viabilidad del ejemplar— y también implica una significativa repercusión en su estética. Conocer la climatología de la zona, especialmente si se producen intensas nevadas o fuertes vientos, y el modo en que cada especie crece, observando la dirección en la que se desarrollan los nuevos brotes, la cantidad de masa y volumen que produce tanto en ramas, como en hojas, flores y frutos, así como la rapidez con la que evoluciona el ejemplar cada nueva temporada, son también datos imprescindibles que ayudan en gran medida a la hora de realizar las labores de poda, ya que con este trabajo lo que realmente se pretende es ejercer un control racional y artístico sobre el desarrollo de la planta, y no dejar que la naturaleza modele su crecimiento de forma aleatoria.

Poda de herbáceas

El hecho de que una planta no disponga de tallos leñosos no implica que se haya de prescindir de las labores de poda entre las tareas de mantenimiento. La mayoría de estas especies requiere trabajos de corte en sus flores y tallos, especialmente en regiones de clima cálido, aunque las hojas son también objeto de este tipo de tratamiento, sobre todo en el grupo de las gramíneas.

Un corte muy tierno

Al hablar de herbáceas normalmente se tiende a imaginar a la típica hierba silvestre de reducidas dimensiones que crece en los bordes de los caminos o en el campo. Sin embargo, cuando se trata de su cultivo en jardinería puede llegar a resultar sorprendente la gran variedad de plantas que se hallan incluidas dentro de este grupo. En las regiones tropicales incluso existen ejemplares que llegan a alcanzar el porte de árbol, entre las que destacan como ejemplos de plantas cultivadas más representativas el platanero o el maíz. Según la parte del ejemplar en la que se vayan a realizar los cortes, se puede diferenciar entre tres tipos de trabajo: la poda de flores, la poda de tallos y la poda de hojas. La labor más importante es la que se realiza en flores y tallos, y los grupos de plantas más significativos son el de las flores de temporada —ya sean anuales, bianuales o vivaces—, el de las herbáceas arbustivas —como por ejemplo *Pelargonium* sp. (geranio), *Fuchsia* sp. (pendientes de la reina) o *Begonia* sp. (begonia)— y el grupo de las plantas crasas y los cactus, que requieren podas de limpieza para retirar tallos con pedúnculos florales cargados de flores marchitas, poda de formación para lograr un desarrollo adecuado tanto en dimensiones como en estructura, y poda de saneamiento con el fin de eliminar tallos secos, mal dirigidos y afectados por enfermedades y daños de diversa índole. En el caso de las plantas

▲ Poda y flores. *Tras la floración conviene realizar una poda drástica, dejando no más de 15 o 20 cm de longitud de tallo desde la base.*

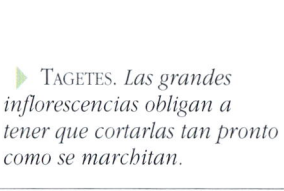

◀ Flores de temporada. *La floración continua de este tipo de herbáceas precisa una poda de limpieza periódica y ligera.*

▶ Tagetes. *Las grandes inflorescencias obligan a tener que cortarlas tan pronto como se marchitan.*

Poda de herbáceas   23

Dondiego de noche. *Algunas herbáceas que se desarrollan a partir de tubérculos, rizomas y demás estructuras subterráneas no precisan ninguna labor de poda.*

vivaces, la poda al final de la etapa de desarrollo vegetativo debe ser drástica, eliminando la práctica totalidad de la parte aérea compuesta por tallos y hojas con el fin de sanearla, para que aparezcan los nuevos brotes durante la siguiente temporada. En lo que atañe a la poda de hojas, el grupo que requiere esta labor con mayor intensidad es sin duda el de las gramíneas y las especies de hojas acintadas, entre las que se encuentran algunas plantas tan conocidas como *Cortaderia* sp. (hierba de la pampa), *Festuca* sp. (festuca) o *Iris* sp. (lirio). En la mayoría de ellas, la labor de poda queda relegada al final del verano, cuando se practica un corte drástico que deja al ejemplar a ras de suelo, eliminando todo el penacho de hojas antes de que se sequen por completo; en aquellas especies que se mantienen verdes todo el año el corte no es tan extremo, ya que resulta suficiente con desechar las hojas secas y aquellas que se encuentren más deterioradas. También existen plantas herbáceas acuáticas que apenas requieren labores de poda, salvo la limpieza de hojas secas y podas de contención en los casos en los que en el cultivo haya ejemplares de plantas invasivas que se desarrollan a partir de estructuras subterráneas de reproducción. Para mantener a raya este tipo de plantas, los cortes se deben realizar sobre el propio rizoma sumergido (es en realidad un tallo subterráneo adaptado a las condiciones de vida acuáticas), labor que ha de practicarse al final del verano.

▲ **Grandes inflorescencias.** *Para propiciar y potenciar la floración, en ocasiones hay que realizar podas a fin de eliminar los pedúnculos florales tras el marchitamiento de las flores.*

▲ **Cultivo en maceta.** *La existencia de ramas en mal estado de conservación o deterioradas en ejemplares cultivados en maceta perjudica su valor estético si no se realiza una minuciosa poda.*

Poda de frutales

En ciertas especies que se cultivan para producir fruta también es posible encontrar variedades estrictamente ornamentales, sobre las que pueden aplicarse las mismas técnicas de poda o bien sustituirlas por otras más acordes con el entorno ajardinado, ya sea para proporcionar sombra o con objeto de formar estructuras de copa decorativas.

Singular y apreciado grupo

La combinación de los dos rasgos diferenciadores que caracterizan a los árboles y arbustos frutales se ajusta perfectamente a la fisonomía del jardín, ya que además de disfrutar de su belleza y su funcionalidad también ofrece la posibilidad de degustar suculentas piezas de fruta. En cuanto a las técnicas de poda que requieren, es preciso llegar a un equilibrio entre las estrictamente destinadas a la producción de frutos y las empleadas con fines estéticos. Además hay que tener presente que existen dos grupos muy diferenciados, el de los árboles —ya sean modelados en forma de copa, espaldera o cordón— y el de los arbustos —algunos de ellos proporcionan densas formaciones de gran tamaño y otros son de hábito trepador o sarmentoso, y por lo tanto tienen un desarrollo y un sistema de cultivo muy diferente a los anteriores—. En comparación con las especies estrictamente ornamentales, este grupo, en todos sus hábitos de crecimiento, por regla general no llega a alcanzar tallas tan grandes ni es utilizado para cubrir extensas superficies en formaciones de seto o estructuras de sombra; más bien se mantiene en tallas medias con desarrollos más o menos controlados. En su mantenimiento hay que tener en cuenta que conviene comenzar su cultivo a partir de ejemplares jóvenes que puedan ser modelados desde el comienzo de su plantación mediante las podas de formación elegidas para cada especie, variedad y ejemplar; a partir de su consolidación estructural y morfológica se establecerán las podas estacionales que mejor se adecuen a su fisiología. Las especies más habituales y representativas de cada grupo, por citar algunas, son en el caso de los portes arbóreos *Malus* sp. (manzano), *Pyrus* sp. (peral), *Prunus persica* (melocotonero), *Prunus avium* (cerezo), *Ficus carica* (higuera), *Citrus* sp. (naranjo, limonero) y una larga lista de nombres más, como ciruelo, níspero, olivo y granado; también se debe mencionar el amplio grupo de los productores de frutos secos, como el almendro, el castaño, el nogal, etcétera. En el apartado de los frutales arbustivos destacan especies como *Corylus avellana* (avellano), *Ribes nigrum* (grosellero), *Rubus* sp. (frambueso, zarzamora) o *Prunus spinosa* (endrino) entre los arbustos de porte erecto, y en lo que se refiere a los arbustos de hábito trepador los más significativos son *Vitis vinifera* (parra) o *Actinidia deliciosa* (kiwi). En cada uno de estos tres grupos existen diferencias en el enfoque de la poda de formación y también en la de mantenimiento, que puede ser estival o invernal.

Poda de formación

Con los cortes practicados durante las primeras etapas de desarrollo se consigue proporcionar la estructura deseada al ejemplar adulto. Así, las formaciones más habituales en

▲ Higuera. *El frescor que produce su copa es muy apreciado cuando se desea protección ante los cálidos rayos solares del verano.*

árboles son las de copa y en espaldera. Hay que procurar siempre que el tronco sea corto y las ramas principales se desarrollen robustas y bien dirigidas, con tres o a lo sumo cuatro brazos abiertos en direcciones opuestas en el caso de los frutales en copa, y cuatro o seis ramificaciones laterales opuestas dos a dos y orientadas en el mismo plano para las formaciones en espaldera, que deben estar apoyadas, aunque sea de forma provisional, sobre estructuras de alambre o caña que permitan mantener la dirección de crecimiento de los nuevos brotes. En el caso de los arbustos, las formas en cordón, abanico, multitronco o espaldera son las habituales. La estructura en cordón, ya sea simple o múltiple, tiene como objetivo crear uno o varios tallos principales, paralelos entre sí en posición vertical u oblicua, a partir de los cuales se desarrollan los espolones de fructificación. En este sistema de cultivo la presencia de

▲ EL MANZANO. *Éste es uno de los frutales más resistentes, por lo que es posible encontrarlo incluso en zonas frías y montañosas. La poda debe contribuir a crear ramas robustas y resistentes capaces de soportar el peso de sus grandes frutos.*

◀ FLORACIÓN PREMATURA. *Para no perjudicar la floración en variedades ornamentales, las labores de poda no se deben realizar en invierno.*

▼ CORTES DE PODA. *Un buen corte de poda propicia la producción de nuevos brotes vigorosos y sanos.*

▲ Manzano ornamental. *La estructura conseguida con las labores de poda en los ejemplares ornamentales puede asemejarse a la de cualquier arbusto o árbol convencional.*

▲ Poda drástica. *Los frutales de floración prematura no deben podarse de forma drástica antes de que se desarrollen las yemas florales, ya que se reduce considerablemente la explosión de color.*

▶ La parra. *Esta planta introducida en jardinería sirve para conseguir grandes superficies de sombra, siempre y cuando se realicen las labores de poda adecuadas.*

postes y guías de alambre o vallados metálicos que sirvan para afianzar los tallos principales resulta imprescindible. En las formaciones de abanico se despunta el tallo principal para facilitar que a poca altura comience la ramificación; es necesario guiar su orientación y las sucesivas podas de control para que el ejemplar se desarrolle sólo en un plano. En el caso de los arbustos multitronco, es decir, ejemplares que emiten varios brotes desde la raíz, como sucede con el avellano, la zarzamora, el frambueso o el arándano, habrá que seleccionar los más vigorosos, eliminar los cruzados, y elegir el más adecuado entre aquellos que fusionan sus cortezas o los que compiten por el mismo espacio y dirección de crecimiento. Por último, en los arbustos trepadores o sarmentosos resulta necesaria la presencia de una estructura de sujeción sobre la que orientar el crecimiento de los dos o tres tallos principales elegidos para conformar la base del ejemplar; se deben desechar las ramas laterales a medida que surjan para evitar que resten vigor a las principales.

Poda de verano

Esta poda es habitual en las especies que florecen al final del invierno y principios de primavera, especialmente en aquellos ejemplares que han sido formados en espaldera, abanico o cordón, al igual que en el caso de los frutales trepadores, ya que la aparición de ramas mal dirigidas y el aumento de los nuevos brotes puede provocar que se difumine la estructura principal y, además, se reduzca el vigor de las yemas, necesarias para la producción de la próxima temporada. La misma labor también se realiza sobre los chupones no deseados y los brotes laterales que se originan por debajo de la copa o el punto de injerto.

Poda de invierno

En el grupo de los árboles y los arbustos que producen frutos secos, en el de las especies de floración sobre los tallos de segundo año, así como en todos aquellos ejemplares que se cultivan por su carácter ornamental, la poda puede realizarse durante el invierno, especialmente si se trata de ejemplares de hoja caduca. Con esta modalidad de corte es posible llegar a realizar podas intensas que tengan como resultado la reducción de la copa hasta prácticamente la estructura de brazos compuestos por ramas primarias y secundarias.

▲ Cerezo. *Esta especie, que cuenta con una larga lista de variedades distintas, es una de las más llamativas desde el punto de vista ornamental.*

▲ Densidad de floración. *Los frutales ornamentales no requieren labores de pinzado tras la floración, ya que el objetivo de producción de fruta no es prioritario.*

◀ Peral. *Algunas variedades ofrecen una estructura de copa que apenas precisa poda, aunque otras pueden moldearse creando formaciones en espaldera.*

Los arbustos de flor

Son muchas y muy dispares las especies de arbustos —tanto ejemplares de hoja caduca como de hoja perenne, ya sean de hábito trepador o rastrero— que ofrecen una floración de interés de manera continuada, escalonada o única. Incluso hay especies que son muy apreciadas, además de por su floración, por el carácter ornamental del fruto que desarrollan.

Gran diversidad de las labores de poda

Se podría decir que la poda en el grupo de las plantas arbustivas es la más variada y complicada de realizar, debido principalmente a la gran diversidad de especies, formas y tipos de ejemplares que existen desde el punto de vista tanto botánico como ornamental. Además hay multitud de posibilidades en la combinación de las diversas variables que pueden intervenir, en función de la especie, la técnica de poda y los rasgos singulares por los que ha sido cultivado cada ejemplar. En este aspecto desempeña un papel fundamental la floración y, por extensión, la fructificación, ya que además del tipo de crecimiento que ofrece la propia especie —trepador, almohadillado, tapizante, etcétera— o de la formación que se haya decidido adoptar —de seto, copa, etcétera—, existen arbustos que también son capaces de proporcionar una floración única en diferentes estaciones del año, otros que aportan floraciones múltiples, ya sean continuas o escalonadas, e incluso algunos que complementan dicha floración con una fructificación no menos llamativa, que conviene respetar para disfrutarla en toda su plenitud. Como ejemplos más representativos destacan el grupo de los rosales, a los que se dedicará especial atención en posteriores capítulos, o el de los frutales ornamentales de porte arbustivo; también se pueden mencionar especies singulares como *Hydrangea macrophylla* (hortensia), que se caracteriza por florecer en las ramas de segundo año y que necesita dos tipos de poda principales sobre la floración, una al final del verano cuando se marchitan las inflorescencias, con el fin de retirar las partes secas, y otra en invierno, tras la pérdida de las hojas, en la que deben cortarse los tallos viejos hasta la segunda o tercera yema basal, que se convertirá en una yema terminal florífera, capaz de regenerar la floración durante la temporada siguiente. Salvo este tipo de excepciones, podría establecerse un protocolo de poda genérico para cada gran grupo de arbustivas: arbustos perennes de floración única, arbustos perennes de floración

▸ ADELFA. *Una forma de aumentar su valor ornamental consiste en podar el contorno con menor intensidad que el centro.*

LOS ARBUSTOS DE FLOR 29

múltiple, arbustos caducifolios de floración sobre brotes del año y arbustos caducifolios de floración en ramas que no son de primer año. En todos los grupos debe existir un fin común al practicar las labores de poda, y éste no es otro que el de mantener y potenciar año tras año la floración en los ejemplares cultivados.

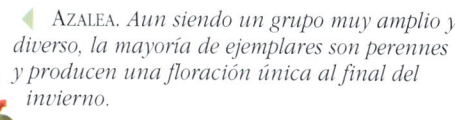

▲ AZALEA. *Aun siendo un grupo muy amplio y diverso, la mayoría de ejemplares son perennes y producen una floración única al final del invierno.*

PERENNIFOLIOS DE FLORACIÓN ÚNICA

En cualquier especie incluida en el tipo de arbustos de hoja perenne, hay que mantener y mejorar, además de su floración, su follaje, y por esta razón tras garantizar el disfrute de las flores nunca se debe recurrir a podas intensas sobre el conjunto de su estructura. En este caso concreto, se realizará la poda tras la floración, en el momento del año que corresponda. Así, en *Camellia* sp. (camelia) o en

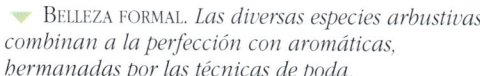

▼ BELLEZA FORMAL. *Las diversas especies arbustivas combinan a la perfección con aromáticas, hermanadas por las técnicas de poda.*

▼ FORSYTHIA SP. *Este arbusto caducifolio debe podarse tras su exuberante floración.*

▲ HIBISCUS SP. *Se trata de un bello arbusto caducifolio cuya floración se produce en verano en las axilas de los tallos que no son de primer año.*

Rhododendron sp. (rododendro, azalea) se realizará a finales de invierno o principios de primavera, mientras que en el caso de *Ceanothus* sp. (ceanotus) será al final del otoño o principio del invierno; en el grueso de especies que componen este grupo la poda se llevará a cabo en primavera y verano, siempre antes de que los nuevos brotes comiencen a desarrollarse.

Perennifolios de floración múltiple

En este grupo puede darse una floración continua, como sucede por ejemplo con *Abelia* sp. (abelia), o escalonada, como puede observarse en *Rosmarinus officinalis* (romero). En ambos casos no se recomienda la poda tras el marchitamiento de las flores, salvo que sean grandes y perjudiquen el aspecto general del ejemplar; de este modo queda relegada al final del periodo vegetativo, es decir, durante los meses de otoño. Nunca debe

▼ POTENCIAR LAS YEMAS FLORALES. *Las podas regenerativas suelen contribuir a mejorar la producción de flores en los ejemplares.*

▲ VIBURNUM OPULUS. *La floración estival de esta especie es típica de los arbustos caducifolios que florecen en las ramas de primer año.*

La floración en función del hábito de crecimiento

§ *Herbáceas:* en esta categoría no se puede mejorar la floración con labores de poda, salvo en las especies que producen fruto y las perennes, en cuyo caso tras el marchitamiento se aprovecha para retirar los pedúnculos florales.

§ *Arbustivas erguidas:* la disparidad y variedad de tipos de floración hace que sea imprescindible identificar la especie cultivada dentro de los grupos a los que se hace referencia en este capítulo para conocer el modo más adecuado de poda.

§ *Arbustivas trepadoras:* la floración en las especies trepadoras o de tallos sarmentosos no requiere en la mayor parte de los casos labores de poda para mejorarla, aunque sí es importante respetar el momento en el que las flores están presentes y realizar el corte después de que se marchiten.

§ *Árboles:* aunque no llega al punto de las plantas arbustivas, la floración es también muy variable en las diferentes especies de hábito arbóreo, por lo que las podas regenerativas en pequeños árboles, en especial los frutales, son muy recomendables para recuperar los brotes nuevos y vigorosos sobre los que se desarrollan las flores.

realizarse una poda drástica, tan sólo hay que limitarse a contener el crecimiento y a sanear las puntas y los pedúnculos florales, con especial atención en la eliminación de fructificaciones cuando no resulten ornamentales, o bien respetándolas en caso contrario, como se da en *Pyracantha coccinea* (espino de fuego).

CADUCIFOLIOS DE FLORACIÓN EN RAMAS DE PRIMER AÑO

La poda en este grupo se realiza antes de que despunten los nuevos brotes, entre finales de invierno y principios de primavera, reduciendo al máximo, siempre de una manera razonable, los tallos del año anterior. De esta forma, producirán menos brotes pero más vigorosos, circunstancia ideal para obtener una floración abundante. El caso más representativo de este conjunto es *Lagerstroemia indica* (árbol de Júpiter).

CADUCIFOLIOS DE FLORACIÓN EN RAMAS NO DE PRIMER AÑO

Cuando la floración se produce en ramas viejas y nunca sobre las de primer año, la poda se practica justo al terminar la floración. De este modo se propicia el desarrollo de los nuevos brotes que florecerán al año siguiente. Si la floración es apical, la poda puede ser más drástica, pero si es axilar resulta recomendable podar con menor intensidad, ya que así se favorece el desarrollo de un mayor número de yemas en cada rama.

▲ HORTENSIA. *Las particularidades de esta especie merecen mención especial en lo que concierne a las labores de poda.*

◄ BUDDLEIA SP. *Éste es un ejemplo claro de arbusto caducifolio de floración en ramas de primer año.*

◄ EL NUEVO BROTE. *Tras las labores de poda, hay que comprobar que la brotación se produce en todas las ramas y de forma vigorosa.*

Las plantas trepadoras

Debido al singular hábito de crecimiento de este grupo de plantas arbustivas, algunas son utilizadas con fines funcionales, tales como la cubrición de muros, superficies de sombra o pantallas visuales a modo de seto, y otras se emplean con objetivos estéticos, sobre celosías y pérgolas, aunque todas ellas destacan por su marcado carácter ornamental.

Plantas con equilibrio

Cuando se observa una gran masa vegetal en la copa de un árbol es habitual comprobar que el calibre del tronco es proporcional al peso y volumen de ese conjunto de ramas y hojas, pues se requiere una estructura de soporte sólida y resistente, que el propio ejemplar va desarrollando a medida que crece. Resulta llamativo comprobar como algunas plantas son capaces de crear volúmenes de copa semejantes que penden de uno o dos delicados tallos, que apenas sirven para proporcionarles los nutrientes y el agua procedente del suelo. Se trata de las plantas trepadoras, cuya ventaja evolutiva reside en aprovecharse de estructuras de soporte próximas a su lugar de crecimiento para facilitar su desarrollo. Este concepto es importante, en primer lugar, porque cualquier apoyo de sujeción no es válido para todas las especies y, en segundo lugar, porque con las labores de poda es posible equilibrar y contener su evolución dentro del jardín. Existen especies con capacidad para adherirse por sus propios medios a muros y fachadas, en cuyo caso las labores de poda estarán encaminadas a delimitar su presencia en márgenes de puertas, ventanas e incluso tejados. Hay otras especies que precisan estructuras de soporte, como celosías, pérgolas, vallas y rejas metálicas, e incluso guías de alambre sobre las que enrollarse en espiral o fijar sus zarcillos. En este último grupo se requieren dos actuaciones de poda muy distintas: una en la primera fase destinada a dirigir su crecimiento, guiando los tallos principales en la dirección que interese, con el fin de cubrir la superficie escogida para el cultivo de la planta trepadora tan pronto como sea posible. De este modo, se pueden conformar setos perimetrales aprovechando el vallado, crear estructuras de sombra sobre pérgolas aisladas o adosadas a la fachada de la vivienda y arcos ornamentales en zonas de paso o acceso a diferentes partes del jardín. La segunda poda se realiza cuando la fase de cubrición se ha producido, y está enfocada a controlar tanto el volumen como el

▲ Trepadoras y tapizantes. *Estas plantas, además de poder trepar, son aptas para cubrir superficies horizontales a nivel de suelo.*

▲ Arcos floridos. *Cualquier elemento que sirva de soporte para sostener los tallos de una planta trepadora puede ser empleado con acierto.*

Las plantas trepadoras

▸ Parra virgen. *Resulta muy apreciada por el tono otoñal de sus hojas, aunque precisa un control exhaustivo de crecimiento a través de la poda.*

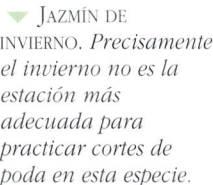
▸ Floración en las trepadoras. *Las labores de poda no pueden perjudicar el momento de floración de algunas especies.*

▸ Jazmín de invierno. *Precisamente el invierno no es la estación más adecuada para practicar cortes de poda en esta especie.*

peso de la masa de vegetación desarrollada sobre la estructura, así como la invasión de zonas próximas a su lugar de cultivo. En este caso, la cercanía de árboles, arbustos, cables de luz y teléfono o de cualquier elemento sobre el que puedan fijar sus tallos estas plantas será utilizado por el ejemplar para continuar con su crecimiento. Con el pinzado continuo de los tallos más vigorosos y dos labores de poda anuales, una al principio de la primavera y otra al final del verano, es suficiente para evitar que progresivamente se vaya añadiendo peso sobre los apoyos de sujeción, y además se renuevan tallos y hojas de forma periódica, para potenciar la floración en las especies que la producen. Estas dos podas son orientativas y tienen su excepción en las especies con floración, en las que es necesario adecuar el momento de corte a este proceso.

El arte topiario

Se trata de una técnica de la cual se podría decir que se lleva la poda al extremo, ya que prácticamente se da preferencia exclusiva a la función estética y artística sobre los objetivos más tradicionales como la obtención de flores, la producción de fruta o la elaboración de formas enfocadas a cubrir un elemento funcional.

El arte de modelar la naturaleza

Los vegetales son organismos vivos que se desarrollan en la medida en que se lo permite el ambiente que los rodea. En la naturaleza, son los agentes climáticos, como la temperatura o el viento, y los animales herbívoros los que modelan su forma, pero dentro del jardín quien ejerce principalmente el control del crecimiento y el desarrollo de los tallos y las ramas es el hombre, que incluso llega al extremo de dotar a una planta del aspecto de una roca o de una escultura confeccionada con los materiales más nobles y resistentes. Éste es el caso de la técnica de poda conocida como arte topiario, cuyo objetivo fundamental consiste en modelar o, más exactamente, esculpir la materia viva con el objeto de crear las formas más inverosímiles con respecto a lo que es posible encontrar en la naturaleza, cuando los vegetales viven en un medio silvestre. Para implantar esta estética en el jardín es fundamental dominar dos aspectos técnicos de gran relevancia: en primer lugar, el método utilizado para moldear y podar y, en segundo lugar, el conocimiento de las especies y variedades que ofrecen un alto ritmo de desarrollo y, al mismo tiempo, se adaptan mejor a las labores de corte intensivas y continuas, para su cultivo tanto en la superficie del jardín como en macetas y recipientes. En lo que concierne a las plantas recomendables para el arte topiario, uno de los rasgos más importantes es que el ejemplar sea perenne, y además resulta preferible que sus hojas sean pequeñas, que la

▶ FORMAS CONTENIDAS. *Para mantener unas siluetas perfectamente definidas hay que realizar cortes continuos durante todo el año.*

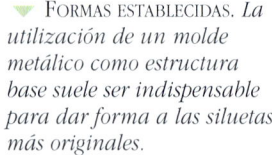

▲ TIJERAS DE PRECISIÓN. *Cuanto mayor nivel de detalle se desee conseguir en el perfilado de arbustos, se requiere una herramienta de poda de mayor precisión.*

▼ FORMAS ESTABLECIDAS. *La utilización de un molde metálico como estructura base suele ser indispensable para dar forma a las siluetas más originales.*

capacidad de rebrote y desarrollo de las ramas sea elevada y que se produzca tanto en los extremos jóvenes como en los más viejos y cercanos al tronco principal. De esta manera se propicia que todos los espacios disponibles en el interior de la masa vegetal o la copa se cubran con rapidez, y se crea así una elevada densidad de follaje fácilmente moldeable mediante labores de perfilado y despunte de los brotes superficiales. También es factible el empleo de especies de hoja caduca, aunque durante los meses desfavorables del año el aspecto de los ejemplares no resulta tan llamativo, al igual que sucede con las plantas ornamentales perennes provistas de grandes hojas, en cuyo caso los cortes practicados seccionarán un buen número de hojas, que pueden perjudicar en un primer momento su aspecto estético. En este sentido, también hay que tener en cuenta la velocidad de crecimiento de la planta, ya que las especies que producen brotes durante cortos espacios de tiempo o tienen poca capacidad de regeneración alargan considerablemente el periodo de espera hasta que se logra obtener una silueta bien perfilada.

Los primeros pasos

Una vez se haya elegido la especie o la variedad de cultivo y se haya ubicado en el lugar definitivo de plantación, ya sea en el propio terreno del jardín o en un recipiente, es importante establecer la dirección de crecimiento así como los límites en los que deben desarrollarse los brotes y las ramas a medida que se produzca su evolución. Para ello, un tutor de caña fijado al tronco o al eje central del ejemplar, que indique la altura definitiva, puede resultar de gran ayuda en las plantas que se moldearán con formas geométricas del tipo cono, cilindro o pirámide, mientras que para acabados un tanto más complejos, como el de una

▲ TIEMPO Y DEDICACIÓN. *Algunas formas precisan el trabajo de varios años hasta que se obtiene el resultado final.*

▲ TONALIDAD DE HOJA. *El verde intenso no es el único tono que ofrece llamativos resultados con esta técnica de poda.*

esfera, un óvalo y en especial cualquier tipo de diseño de forma irregular o asimétrica, se requiere la incorporación de una estructura metálica que sirva de esqueleto, y a su vez como plantilla, para orientar en los primeros momentos la dirección de crecimiento de los tallos principales, y en una segunda fase contener el desarrollo perimetral, sobre todo en la parte apical, de las numerosas ramas que emiten los nuevos brotes en primavera y otoño. Si bien los tutores deben retirarse a medio plazo, las estructuras metálicas acaban quedando integradas en la maraña de tallos que llega a generarse.

Las especies más apropiadas

§ Coníferas:
   Chamaecyparis lawsoniana (ciprés de Lawson): ejemplares en maceta y suelo.
   Cupressocyparis leylandii (ciprés de Leyland): grandes ejemplares y setos.
   Cupressus arizonica var. *conica* (ciprés de Arizona): grandes ejemplares y setos.
   Cupressus sempervirens var. *totem* (ciprés): grandes ejemplares solitarios.
   Picea glauca var. *conica* (pícea): pequeños ejemplares en suelo y maceta.
   Taxus baccata (tejo): grandes ejemplares y setos.
§ Arbustivas de hoja perenne:
   Buxus sempervirens (boj): pequeños ejemplares en suelo y maceta; formas variadas.
   Laurus nobilis (laurel): formas geométricas, ejemplares en suelo y maceta.
   Ligustrum delavayanum (aligustre): ejemplares medios y grandes en suelo y maceta.
   Lonicera nitida (madreselva, lonicera): ejemplares medios; suelo y maceta; formas y setos.

El método de corte

Las herramientas más útiles para realizar los cortes en el arte topiario son sin duda las tijeras de poda, ya que otros utensilios, como las sierras o navajas, poco o nada tienen que aportar a este tipo tan específico de corte. En las primeras fases de trabajo y para reconvertir ejemplares cultivados de forma convencional en formas bien perfiladas, las tijeras de una mano con hoja corta resultan imprescindibles. Con ellas se pueden realizar los cortes en vértices y recovecos, ya que proporcionan una gran precisión, o bien seccionar ramas de cierto grosor en árboles o arbustos viejos, ramas bajas en

◀ COMPLEMENTO A LA PODA. *En ocasiones, además de la poda hay que recurrir al atado de tallos o el redireccionamiento de los brotes apicales hasta conseguir rellenar la estructura que dará forma al ejemplar.*

◀ RECONVERTIR UN EJEMPLAR. *Algunas plantas cultivadas de forma convencional pueden moldearse cuando son adultas para cambiar su silueta.*

▲ ARTE TOPIARIO. *Las labores de corte y perfilado se llevan a cabo de manera periódica a lo largo del año, con la intención de dar forma y mantener la apariencia deseada del ejemplar.*

◀ Setos poco convencionales. *El empleo de arbustos para formar barreras físicas puede adquirir un aspecto muy singular con el arte topiario.*

▶ Composiciones. *Los trazos rectos, curvos y oblicuos combinados proporcionan agrupaciones singulares.*

ejemplares de copa y algún brote apical con demasiada fuerza que se ha dejado crecer más de la cuenta. En lo que respecta a las labores de perfilado, despunte y recorte de aristas, las tijeras de una o dos manos provistas de hoja larga resultan muy útiles; las primeras son más apropiadas para trabajar sobre pequeños ejemplares y sobre aquellos que disponen de contornos redondeados o provistos de cambios bruscos de dirección y sentido, y también son útiles en tramos de escaso tamaño y reducida superficie, pues permiten maniobrar con soltura sin producir cortes no deseados. Cuando se trata de trabajar sobre espacios más amplios y perfiles de mayor longitud, las tijeras de dos manos son mejores, e incluso puede llegar a ser necesario emplear máquinas tipo cortasetos para elevar el rendimiento en el trabajo sobre grandes formaciones arbustivas que integren siluetas dentro de su estructura de seto. Hay que tener especial cuidado al practicar el corte y no introducir la tijera por debajo de la superficie que da forma a la silueta, ya que a medida que los ejemplares van adquiriendo más edad, las ramas que se desarrollan en su interior ofrecen mayor relevancia en el conjunto del follaje, y cortar alguna de ellas puede provocar que se seque y se pierda una parte de la silueta, lo que perjudicaría considerablemente el aspecto del ejemplar y haría muy complicada su reconstrucción, máxime si se trata de plantas a las que se ha dotado de formas complejas con tramos delgados y estrechos, sobre los que se soportan otras figuras.

▶ Rizar el rizo. *Es posible obtener creaciones que precisan una alta dosis de imaginación.*

Formas y figuras

Una planta saludable es siempre una garantía de belleza y frondosidad, especialmente cuando se trata de especies ornamentales y frutales. Las labores de poda contribuyen a sanear, modelar y estimular los tallos que conformarán la estructura principal de árboles y arbustos, y evitan que el paso del tiempo merme sus cualidades estéticas.

Recreaciones singulares

En cada rincón del jardín es necesario aplicar las técnicas de poda más apropiadas con el fin de obtener el máximo partido de cada planta, ya se trate de coníferas de pequeño porte, trepadoras que crecen sobre estructuras de apoyo o arbustivas de llamativa floración, y para ello sólo hay que realizar una planificación que tenga como objetivo resaltar los rasgos de cada una de ellas. Esto se puede llevar a cabo de una manera sencilla en jardines de determinadas dimensiones, donde no se acusa una falta de espacio y se pueden ubicar los ejemplares de modo que nada impida su visibilidad, y todavía es más fácil realizar esta planificación cuando la zona ajardinada dispone de espacios reducidos en los que los recovecos, los caminos o los rincones más cerrados ocupan buena parte de la superficie de cultivo disponible. Estos lugares constituyen zonas idóneas para albergar diversos tipos de plantas ornamentales cultivadas en macetas, jardineras o sobre parterres y alcorques situados en el propio terreno. En cualquier caso, las tijeras son de uso obligatorio para contener el desarrollo de los tallos año tras año; de esta manera se propicia que tanto el volumen como la envergadura del ejemplar mantengan su aspecto original y al mismo tiempo gane en esplendor estación tras estación. En general, la poda de formación es la más practicada para preservar la estética de árboles y arbustos. Realizada con constancia, se convertirá en una labor más dentro de las actividades habituales, que compensará con creces el pequeño esfuerzo que, en un principio, pueda requerir.

◀ Poda de formación. *Como norma general, se prescinde de los tallos y ramillas muertos, dañados, débiles o desbordados y de aquellos que crecen hacia el interior o demasiado agrupados.*

▶ Armonía paisajística. *La alternancia de distintas especies y una cuidadosa labor de poda, unida a un mantenimiento correcto, otorgan una personalidad propia a los jardines.*

Sombra ornamental

Existen muchos elementos artificiales concebidos para proporcionar sombra en los tórridos días de verano, que tienen su utilidad y en ocasiones son de obligada instalación. No obstante, si se dispone de un pequeño espacio de cultivo, las plantas trepadoras y los árboles, moldeados mediante unas tijeras de poda bien manejadas, constituyen la opción más eficaz.

Lugares de descanso

Para obtener una tupida y fresca zona de sombra empleando especies vegetales, que amortigüen el efecto de las altas temperaturas y, al mismo tiempo, configuren lugares idóneos para el reposo, se puede elegir entre dos alternativas. La primera consiste en la utilización de plantas trepadoras, que se sirven de estructuras auxiliares para extender y distribuir sus largos tallos. En segundo lugar, se pueden utilizar ejemplares de porte arbóreo con un tronco robusto que con sus ramas logran el mismo objetivo. En ambos casos es preciso aplicar una poda de formación durante los primeros años de desarrollo; en las trepadoras hay que dejar que los tallos se extiendan por toda la superficie habilitada para su cultivo, mientras que en el cultivo de arbolado hay que crear una base firme con el tronco y las ramas principales. Tras la consolidación de los ejemplares, la poda de mantenimiento resulta muy importante para reducir el desmesurado desarrollo que alcanzan los tallos trepadores cada nueva temporada; incluso a veces se necesitan dos o tres cortes en el transcurso del año. Aunque con menor intensidad, también hay que realizar labores de poda en las especies de porte arbóreo. En la mayoría de los casos es recomendable realizar un corte al año, teniendo en cuenta siempre cuál es la época más conveniente para

▲ Labor de poda. *Con la poda se pueden conseguir resultados tan espectaculares como el de esta buganvilla.*

▲ Glicinia. *La poda debe realizarse sobre las ramas secundarias que brotan de los potentes tallos principales, caracterizados por su gran robustez. Tras efectuarla, deben quedar yemas florales que en la nueva temporada producirán una llamativa floración primaveral, que siempre acontece antes de que surjan las nuevas hojas.*

▲ ÁRBOLES. *Representan la alternativa más natural para protegerse de los rayos del sol. Se puede elegir entre una gran variedad de especies que proporcionan una magnífica sombra.*

▲ ARCADAS. *Resultan ideales para sustentar diversas especies, como es el caso de la glicinia, cuyos ramos florales crean un manto de delicado colorido.*

cada especie; también puede reducirse a una actuación bianual en aquellos ejemplares cuyo carácter ornamental y funcional resida estrictamente en el follaje, ya sea por su forma y tonalidad o por su densidad.

PÉRGOLAS, CENADORES Y ARCOS

La madera y el metal, entre otros materiales utilizados habitualmente en la construcción, son los más empleados en la fabricación de estructuras en forma de pérgolas, cenadores, arcadas o arcos, sobre las que pueden crecer y entrelazarse los tallos de muy variadas especies trepadoras. Algunas se ayudan de zarcillos y raíces aéreas, como *Hedera helix* (hiedra), mientras que otras simplemente son capaces de desarrollarse verticalmente gracias al crecimiento envolvente en espiral de sus tallos principales, como *Wisteria* sp. (glicinia). Estos elementos, aparte de servir como sustento a las plantas, tienen la finalidad de proporcionar sombra; de este modo se crean áreas privilegiadas que servirán en épocas frías como resguardo y en verano se utilizarán como zonas de descanso en las que además se cobijarán aquellas especies que no toleren bien el sol. Adicionalmente, poseen un gran valor ornamental, y resultan fáciles de integrar en los distintos tipos de jardines debido a la inmensa variedad de estilos disponibles y a la posibilidad incorporar poco a poco diversos elementos según el espacio y las necesidades. Durante la fase de ocupación de toda la estructura, basta con redirigir el sentido de crecimiento de los tallos principales realizando cortes en los secundarios que se desvían del plano imaginario de crecimiento, conformado por las columnas y la superficie horizontal habilitada para crear la sombra.

◀ CONTENCIÓN DEL RAMAJE. *El empleo de las tijeras de poda resulta imprescindible para orientar y contener el crecimiento de algunas especies.*

Copas de formas geométricas

Si existe la posibilidad de dejar que los ejemplares de porte arbóreo desarrollen su copa de forma natural y compensada conviene favorecer este tipo de formación, aunque en lugares reducidos o si se desea dotar al jardín de un toque de distinción y singularidad, moldear la copa con figuras geométricas puede ser una excelente alternativa si se eligen con acierto las especies.

Juego de formas

Es posible proporcionar al jardín un estilo diferenciador con relativa facilidad tan sólo con la elección de las plantas que van a ocuparlo. Uno de los grupos que imprime mayor personalidad, especialmente al entorno arquitectónico, son los ejemplares moldeados con formas geométricas, ya que su presencia combina a la perfección con los trazos rectilíneos de las cornisas, cercos de puertas y ventanas, alféizares, dinteles o columnas. Las líneas horizontales de pequeños setos y borduras, así como las diagonales propias de los ejemplares que se desarrollan de forma piramidal, e incluso los trazos curvos de las formas globosas y esféricas crean un entorno incomparable y diferente, y además ofrecen siempre el aspecto de zonas ajardinadas muy cuidadas. La estética ortodoxa de los jardines históricos, de proporciones lineales bien equilibradas, en los que la poda resulta ser una labor imprescindible, es heredada por los denominados jardines formales. En ellos se observa, salvando las distancias, la esencia arquitectónica de aquellos en los que se asientan sus bases, con un importante estudio de las simetrías que revierte en un acabado sobrio y elegante. Las últimas tendencias paisajísticas, que incorporan influencias y mestizajes de países remotos, suelen incluir en sus

▲ Contraste de formas. *La combinación de formas redondeadas con otras cuadradas o rectangulares ofrece resultados muy estéticos.*

◀ Perfiles recortados. *Tanto en cultivos realizados en maceta o jardinera, como en los llevados a cabo en alineaciones sobre el propio terreno, las formaciones en seto ofrecen diferentes posibilidades si son trabajadas con acierto mediante labores de poda. Escoger y visualizar las futuras formas, así como realizar los perfilados y recortes de manera periódica suponen la base fundamental para lograr que el ejemplar resalte por su estética.*

COPAS DE FORMAS GEOMÉTRICAS 43

◀ GRANDES EJEMPLARES. *Cuando se trata de ejemplares de bastante tamaño, se requiere la instalación de un armazón.*

proyectos uno o varios ejemplares aislados, que se convierten en protagonistas indiscutibles gracias a la forma geométrica obtenida mediante las tareas de poda. Por esta razón, la poda de arbustos y arbolado con fines estéticos pasa por momentos en los que es centro de atención.

PERFILADOS Y RECORTES DE EJEMPLARES

Las labores de control que han de ejercerse con la poda de las formas geométricas aplicadas en arbustos y pequeños árboles deben ajustarse a un calendario de actuaciones muy concreto y reiterativo; se evitan los meses englobados en el invierno, para centrarse única y exclusivamente en el periodo activo. Así pues, tras la aparición del primer brote de primavera es conveniente llevar a cabo el recorte inicial, que va a servir para definir correctamente la silueta de los perfiles, marcando con claridad la orientación hacia la que se encamina; resulta conveniente repetir la poda al menos una vez más en el transcurso de la estación otoñal, aunque también pueden alternarse varias actuaciones en los meses de verano, especialmente si los ejemplares cultivados son de reducidas dimensiones.

▲ PODA EN FORMA DE BOLA. *Resulta una de las más habituales por los espléndidos acabados que se consiguen.*

▲ FORMAS CAPRICHOSAS. *Hay que planificar desde el principio la forma que se pretende que adquiera el ejemplar.*

Coníferas con perfil

En la obtención de formas geométricas las coníferas ofrecen un buen número de especies que aceptan de muy buen grado podas intensivas e incluso cortes que podrían llegar a catalogarse de drásticos, ya que tienen una capacidad de regeneración muy elevada, lo que les permite mantener toda su fuerza y frondosidad.

Ductilidad y belleza de líneas

Aunque existen algunas especies que desarrollan una morfología aleatoria e irregular, lo cierto es que un buen número de coníferas tienen un crecimiento bastante ordenado, en el que prevalece la forma cónica o piramidal, como en el caso de *Picea glauca* (pícea glauca), *Chamaecyparis lawsoniana* (falso ciprés) o *Taxodium distichum* (ciprés de los pantanos). Del mismo modo, también son abundantes las especies incluidas en este grupo que admiten podas intensas encaminadas a moldear su silueta, sin que por ello se vea afectado su vigoroso y rápido crecimiento. Tal es el caso de *Taxus* sp. (tejo), *Juniperus sabina* (junípero) o *Thuja occidentalis* (tuya). Cuando se practican los cortes sobre las ramas de cipreses, tuyas o arizónicas, conviene evitar los días de lluvia y los periodos de ambiente húmedo, ya que estas especies presentan cierta sensibilidad al ataque de hongos, los cuales son capaces de producir dañinas enfermedades en los

▶ *Taxus* sp. *Por su gran resistencia a las podas, el tejo es idóneo para formaciones de setos y la creación de figuras.*

◀ Guía para el trazo. *Con la ayuda de cordeles o tutores de diversa índole es posible marcar las líneas y los trazos sobre los que deben practicarse los cortes en las labores de perfilado. Este trabajo debe estar encaminado a mantener la silueta de setos y ejemplares aislados cuya morfología presenta una marcada geometría, y al menos debe realizarse dos veces al año.*

CONÍFERAS CON PERFIL 45

▸ PORTES PIRAMIDALES. *El crecimiento natural en forma piramidal de muchas coníferas permite perfilar muy bien estas figuras.*

▾ CREATIVIDAD SIN LÍMITES. *Algunas coníferas aceptan podas en las que el límite lo marca tan sólo la imaginación del cultivador.*

vegetales. Los días secos y soleados del otoño, al igual que los que se dan al final de la primavera, son los más propicios para llevar a cabo las labores de perfilado; ésta es la manera de asegurarse de que la savia facilite la cicatrización de forma rápida y eficaz. Para eliminar los brotes que despuntan desfigurando la silueta de un seto o de un ejemplar cultivado en maceta, resulta de gran ayuda la utilización de guías elaboradas con cuerdas o varas de caña que marquen el recorrido de las tijeras o el cortasetos, lo que permite conseguir que el trazado de las líneas sea recto y mantener uniforme el porte del ejemplar.

SUPERFICIES VERTICALES

Aunque parezca poco ortodoxo, las formas voluminosas a las que estamos acostumbrados en el cultivo de cualquier planta pueden transformarse por necesidad o gusto en formaciones totalmente aplanadas y verticales. Esta alternativa no sólo no reducirá los rasgos ornamentales de las especies, sino que por el contrario incrementará el valor estético de los ejemplares.

Aprovechamiento del espacio

Las viviendas adosadas o pareadas, edificadas sobre parcelas de terreno más bien pequeñas, plantean la dificultad de introducir especies vegetales variadas sin incurrir en un sobrexceso que impida su normal desarrollo a lo largo de un periodo de tiempo determinado. Un modo de ampliar el espacio destinado al cultivo de las plantas ornamentales en el jardín, cuando el área horizontal disponible es limitada y más bien escasa, es utilizar las superficies verticales, principalmente la fachada de la vivienda y los muros perimetrales, sirviéndose de las vallas metálicas, las verjas, las celosías y las rejas para dirigir y facilitar el crecimiento de las especies seleccionadas en la dirección deseada. De esta manera también se contribuye a otorgar un aire más natural a la estética de la construcción. Otra forma de favorecer que los ejemplares cuyas ramas crecen en todas direcciones se desarrollen verticalmente consiste en transformar su crecimiento mediante técnicas de poda en forma de espaldera o abanico en árboles y arbustos de estructura aplanada, pues de esta manera es posible proporcionar el mismo efecto ornamental que si creciesen de forma natural, pero despejando y habilitando una parte considerable de espacio para el uso y disfrute de todo tipo de actividades.

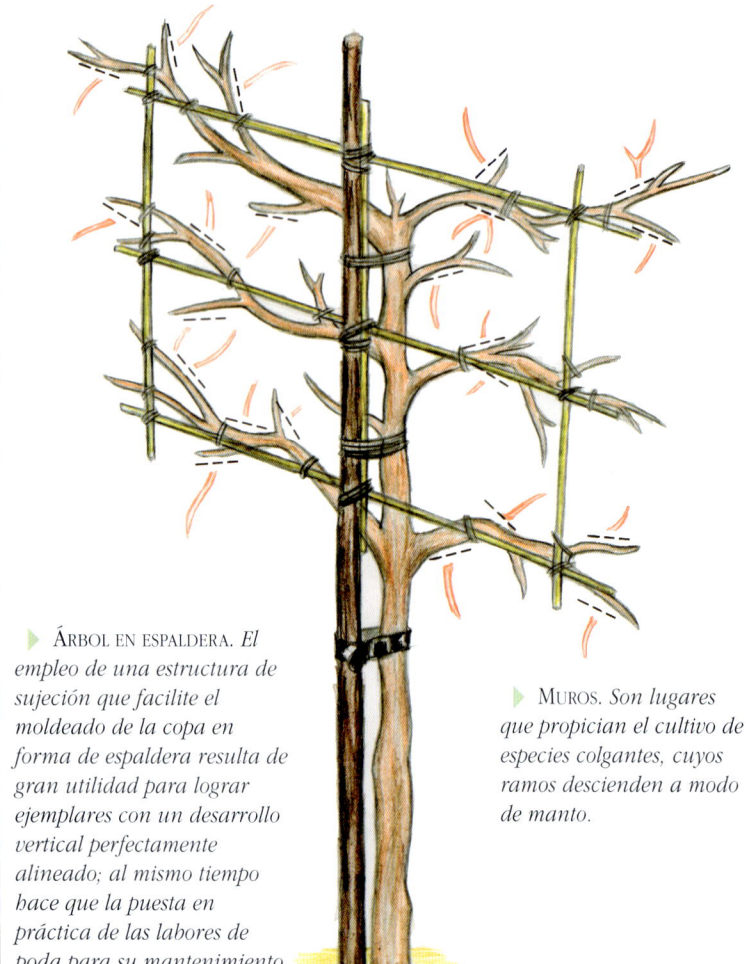

▶ Árbol en espaldera. *El empleo de una estructura de sujeción que facilite el moldeado de la copa en forma de espaldera resulta de gran utilidad para lograr ejemplares con un desarrollo vertical perfectamente alineado; al mismo tiempo hace que la puesta en práctica de las labores de poda para su mantenimiento sea más sencilla.*

▶ Muros. *Son lugares que propician el cultivo de especies colgantes, cuyos ramos descienden a modo de manto.*

SUPERFICIES VERTICALES 47

◀ PODER COBERTOR. *El crecimiento de la hiedra consigue crear verdaderos tapices vegetales.*

PODA DE FORMACIÓN

Para cualquier especie empleada en este tipo de jardinería, la poda de formación resulta indispensable en combinación con técnicas de sujeción mediante tutores, guías y cuerdas, que habrá que revisar periódicamente con objeto de que no ejerzan una excesiva presión pero sin embargo sujeten con eficacia, ya que los ejemplares deben desarrollar una estructura de ramas primarias orientadas en una dirección que no es la habitual ni la natural de crecimiento. El proceso de formación se alargará al menos durante tres años en especies arbustivas, y puede llegar incluso hasta cinco en aquellas que tienen porte arbóreo. Después se impone una labor de mantenimiento en la que debe controlarse año tras año la morfología obtenida, procurando eliminar de manera selectiva y continuada todos los nuevos brotes mal orientados.

▲ BASE DE UN TRONCO. *Es un excelente lugar para el desarrollo de determinadas especies, como es el caso de la buganvilla.*

Frutales con estética

Cuando el espacio disponible de cultivo es reducido, la incorporación de frutales puede llegar a desbaratar el diseño puramente ornamental del jardín y proporcionar un aspecto más semejante al de un campo de cultivo. Si se eligen bien las especies de frutales y se aplican las técnicas de poda apropiadas, es posible evitar esta circunstancia y lograr que convivan ambos elementos.

Una jugosa y ornamental selección

▲ GRANADO. *De gran valor ornamental, pueden encontrarse también variedades enanas.*

▲ FICUS CARICA. *La poda de la popular higuera se suele limitar a la eliminación cada dos años de ramas viejas que no aportan frutos.*

Acostumbrados a ver grandes extensiones repletas de árboles frutales perfectamente alineados, resulta complicado resolver la posibilidad de reproducir en un pequeño jardín el cultivo de estas apreciadas plantas, aunque lo cierto es que eligiendo bien las especies y aplicando una técnica de poda adecuada es posible recolectar deliciosos frutos en cualquier parte del jardín, con el valor añadido que tiene la enorme valía estética que proporcionan muchas de las especies. Se pueden seleccionar ejemplares de porte arbustivo y hábito trepador que resultan ideales para colonizar el vallado perimetral del jardín, aunque en este espacio también se pueden introducir árboles podados en espaldera, cordón o abanico. Para ubicar el cultivo, en la mayoría de los casos, se deben elegir lugares protegidos de los vientos fríos y helados del invierno, y orientados al sur para que no falten los rayos del sol; además es necesario practicar podas encaminadas a evitar que se entrecrucen las ramas, adquieran direcciones de crecimiento inadecuadas o se desarrollen alcanzando alturas y dimensiones poco aptas para el espacio existente y disponible dentro del jardín. Tan importante como saber podar es saber cuándo debe practicarse. Mientras en el invierno se realizan básicamente podas de forma habitual en frutales como *Pyrus* sp. (peral) o *Malus* sp. (manzano), en el caso de *Vitis vinifera* (vid, parra) se efectúan en primavera y verano, y en el de *Chaenomeles japonica* (membrillero japonés) en primavera, inmediatamente después de la floración.

FACILITAR LA RECOLECCIÓN

En todos los casos, la poda debe contribuir a compensar el porte y las dimensiones de la planta, por muy artificial que resulte la forma elegida para cultivar el frutal. Además, con el fin de facilitar la producción, maduración y posterior recolección de los frutos, las labores de poda son muy importantes. El primer paso es formar la cruceta, desde donde las ramas principales adquieren desarrollo, a poca altura, dejando un tallo corto o medio tallo. A partir de este punto, ha de buscarse la bifurcación compensada y alterna de las ramas secundarias, que se puede efectuar en todas direcciones, si se elige un desarrollo convencional, o bien en un plano vertical cuando se opta por el cultivo en posiciones donde el espacio es limitado. Partiendo de una estructura fija, cada año habrá que controlar de forma periódica el crecimiento de las ramas productoras de flores y frutos, realizando aclareos en invierno con objeto de crear un sistema de espolones con yemas de fructificación.

CHAENOMELES JAPONICA. El membrillero japonés admite el cultivo en espaldera, lo que facilita su ubicación en un jardín de reducidas proporciones.

▲ FORMACIÓN EN ESPALDERA. *La presencia de un tallo principal despuntado a no demasiada altura, así como la estimulación de ramas primarias bien orientadas y distribuidas en el plano vertical y de forma homogénea a ambos lados del exiguo tallo caracterizan esta formación.*

▼ DESARROLLO EQUILIBRADO. *Entre otras cosas, la poda de los frutales busca el equilibrio y la proporción del ejemplar, siempre con el fin de facilitar la entrada de luz y aire en la copa.*

Jardín de rosas

Cualquier jardín puede albergar una, más o menos, extensa colección de rosales, seleccionados entre la amplia variedad que ofrece este apreciado grupo de plantas ornamentales. Para conseguir una exuberante floración, además, habrá que manejar adecuadamente las tijeras de poda, realizando los cortes precisos en los diversos momentos del año.

Belleza y fragancia

Los rosales en jardinería aparecen contemplados siempre como un grupo homogéneo debido a que se trata de un género ampliamente diversificado, cuyas especies y variedades ofrecen flores muy semejantes unas a otras en cuanto al tipo y al modo de cultivo, a lo que se añade el hecho de que todas tienen un hábito de desarrollo claramente arbustivo. Para mantener una hermosa y abundante floración existe una labor de vital importancia común a la mayoría de las especies, la poda, técnica que debe practicarse de manera adecuada y en el momento propicio. El porte arbustivo de los rosales ofrece una gran diversidad de formas y tipos de crecimiento, desde ejemplares provistos de tallos trepadores y rastreros hasta los de talla mínima, que son los más idóneos para desarrollarse en tiestos y contenedores, pasando por los elegantes rosales de tallo alto y copa o los provistos de porte llorón y ramas péndulas. Con objeto de mantener la buena salud de los ejemplares y un porte atractivo, en cada uno de los grupos anteriormente citados los cortes de poda son específicos y deben realizarse de acuerdo con sus cualidades morfológicas y de crecimiento, y en la época más adecuada posible en cada caso. En general, los rosales que florecen a lo largo de todo el verano suelen podarse al final del invierno o el inicio de la primavera, y en aquellos

◀ FLORACIÓN. *Las labores de poda bien aplicadas fomentan la aparición de abundantes flores sanas.*

▼ UTILIDAD DE LAS HERRAMIENTAS. *El tornillo situado en la confluencia de las hojas de corte permite variar la presión existente entre ambas. Las herramientas telescópicas facilitan el acceso a las ramas más elevadas.*

otros que dan flor una sola vez en la época estival la poda debe llevarse a cabo a finales de primavera o comienzos de verano.

Formación de un rosal

El cultivo del rosal comienza a partir de un esqueje, un plantón en cepellón o un ejemplar ya desarrollado. Las labores de mantenimiento resultan relativamente sencillas, aunque deben ser precisas, en especial cuando a medida que pasan los meses el empleo de las tijeras se hace cada vez más necesario. Los cortes oblicuos se deben realizar 0,5 cm por encima de las yemas sanas que se encuentren

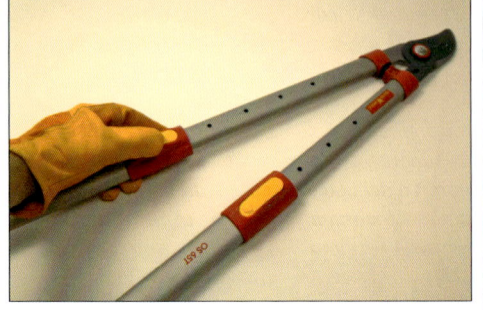

orientadas en la dirección de crecimiento adecuada —que suele ser hacia la parte externa de la planta—, con capacidad para propiciar la formación de ramas vigorosas, que no se estorben entre sí, para conseguir ejemplares compensados y equilibrados. Una vez formado el esqueleto y la estructura de lo que será el ejemplar adulto, las podas estarán encaminadas a potenciar la floración, y a evitar que se formen frutos, salvo en el caso de que así se desee cuando se trate de rosales ornamentales especialmente cultivados con ese fin; se han de eliminar lo más próximo a la raíz posible, excavando incluso para hacerse paso, los chupones que restan fuerza a toda la planta, y hay que retirar nada más aparecer los brotes adventicios, sobre todo en los ejemplares de tallo alto. Después de la temporada, cuando el rosal entra en periodo de reposo vegetativo, es importante realizar una poda de regeneración, que puede ser drástica salvo en el caso de las variedades trepadoras y las de porte llorón, con objeto de propiciar una renovación de los tallos secundarios que, en la siguiente temporada, portarán las flores. La eliminación de flores mustias permite redistribuir la savia hacia otras zonas de la planta y fomentar brotes nuevos.

▸ PORTE LLORÓN. *Determinadas estructuras sirven de apoyo eficaz para conseguir el propósito ornamental deseado.*

▸ ROSALES TREPADORES. *Su ubicación sobre arcadas o celosías hace que luzcan imponentes.*

▸ ROSAS PARA TODOS LOS GUSTOS. *La gran diversidad de variedades y morfologías que ofrecen las rosas permite cubrir un amplio abanico de gustos y preferencias. Es necesario realizar podas específicas para mantener la estructura de cada ejemplar en variedades trepadoras, con formación en copa, con porte llorón o del tipo floribunda, así como practicar podas de mantenimiento que contribuyan a estimular la floración y ayuden a sanear el aspecto general.*

Técnicas de poda

Resulta fundamental conocer y saber aplicar bien las técnicas de poda, tanto las básicas como las especiales, pero aún es más importante tener presente que cada especie y cada ejemplar ofrecen unas particularidades propias de sus rasgos morfológicos y fisiológicos, que se deben tener en cuenta cuando llega el momento de utilizar las tijeras y la sierra.

Un método y un procedimiento

Un buen sistema para iniciarse de forma orientada en la aplicación de las técnicas de poda es establecer una pauta de trabajo que siga un método y utilice un procedimiento a la hora de poner en práctica la teoría. En primer lugar se debe realizar un sencillo inventario del jardín con objeto de conocer qué tipo de plantas lo integran desde el punto de vista de su morfología estructural; en él se han de clasificar los ejemplares y debe figurar su crecimiento, necesidades de cultivo y características estéticas. Así quedará patente la distinción que existe entre las diversas especies, como por ejemplo si son de porte arbóreo, arbustivas o herbáceas. En un segundo acercamiento puede establecerse la división entre caducos y perennes, un criterio muy útil para la labor de poda. En este último grupo, separar las coníferas, las palmeras y las plantas crasas del resto de especies resulta de gran relevancia, ya que la poda de cada una difiere bastante. A continuación se clasifican según la utilidad o la función que tiene cada planta dentro de la zona de cultivo: disfrutar de su floración, aprovechar sus frutos, integrarla en la formación de un seto o bien aportar una buena sombra.

Partiendo de esta información ya sería posible aplicar las técnicas básicas de poda de formación, limpieza y mantenimiento de la estructura, procurando a partir de este punto profundizar en los rasgos diferenciadores y las particularidades de cada una de las especies para lograr resultados inmejorables en su cultivo e incluso para poder aplicar técnicas de poda especiales, que son más complicadas de ejecutar, como las necesarias para obtener espalderas, formaciones en parasol, formas geométricas e incluso diseños de arte topiario.

▶ Arbusto o árbol. *Mediante las técnicas de poda es posible darle a un árbol la forma de arbusto y proporcionar a un arbusto el aspecto de un árbol.*

◀ Mejora estética. *Practicar un corte en el punto y el momento precisos contribuye a mejorar el aspecto ornamental de cualquier ejemplar.*

Poda de mantenimiento

La mayor parte de las labores de poda se efectúan de forma programada, con la intención de mejorar o al menos mantener la estética de los ejemplares vegetales cultivados en el jardín. Los principales objetivos que se persiguen son el control del crecimiento, la limpieza y eliminación de ramas secas y la orientación de la dirección en la que se desarrollan las ramas.

Una labor programada

Si bien en las plantas arbustivas la poda tiene un carácter fundamentalmente ornamental, en el arbolado el planteamiento es otro, ya que existen especies que pueden llegar a causar problemas si no se cuida y se orienta su crecimiento. No debe olvidarse que los jardines son limitados y en su interior, además, existen otro tipo de estructuras que ponen límite al desarrollo de las ramas, como edificaciones, elementos decorativos o incluso conducciones llevadas a través de cableado aéreo, que pueden interferir provocando un riesgo para los usuarios del entorno ajardinado. Teniendo en cuenta estas circunstancias, las labores de poda de arbolado pueden realizarse por dos motivos fundamentales. El primero es subsanar problemas extraordinarios y no previstos; en este caso las labores son

▲ El perfilado. *Los ejemplares tupidos y recortados para crear formas precisan labores de perfilado continuas.*

Cómo se hace: Pinzado de arbustivas con forma

1 Despunte. Para mantener la forma de un arbusto el despunte de la guía o tallo principal es imprescindible.

2 Pinzado. Las ramas laterales generan brotes en todas direcciones que tienen que controlarse con labores de pinzado periódicas.

3 Control de fructificación. Tras la floración, conviene eliminar las ramas florales antes de que produzcan frutos.

simples conceptualmente y fáciles de realizar, aunque para el ejemplar en cuestión resultan drásticas y excepcionales: se trata de trabajos de terciado, recuperación de ramas rotas, desmoche o preparación para el trasplante, entre otros. En segundo lugar, el resto de labores de mantenimiento —entre las que se incluyen todas aquellas que se efectúan aplicando un programa de trabajo predeterminado y que atañen a la puesta en práctica de labores algo más complejas y ajustadas a cada especie en particular— tienen la intención de conservar la estética de la planta y salvaguardar su desarrollo y morfología estructural. Las labores más habituales que pueden agruparse dentro del apartado de poda de mantenimiento son aquellas que tienen como cometido la limpieza y retirada de partes secas de la planta, todas las relacionadas con la reducción moderada y controlada del volumen de la copa o la longitud de algunas ramas, así como las que buscan como objetivo orientar la dirección de crecimiento tanto de árboles como de arbustos.

Objetivos de conservación

En el caso de las arbustivas es sencillo establecer el objetivo primordial de la labor de poda, ya que casi se reduce a mantener o mejorar la estética del ejemplar en cuestión, reforzando, eso sí, su estructura y estado de salud. En el arbolado, aunque también se tenga en cuenta el aspecto ornamental, deben establecerse como prioridad otras circunstancias de más importancia. En general, los parámetros que sirven como referencia y que se han de tener presentes cada vez que se cogen unas tijeras pueden aplicarse tanto en las podas drásticas como en las convencionales. De este modo, ha de priorizarse siempre la seguridad y la salud del ejemplar y las partes que configuran la copa sobre otros aspectos, procurando que la poda contribuya a reducir su peso y a disminuir la resistencia de las ramas al

▲ ARBUSTOS EN JARDINERA. *Los ejemplares no deben alcanzar grandes tallas, para lo que es necesario realizar una poda de mantenimiento periódica.*

◂ FLORES EN TALLOS DE SEGUNDO AÑO. *Para mantener la floración año tras año la poda debe realizarse en el momento apropiado, en este caso justo después de este proceso.*

viento, para evitar así roturas y caídas de ramas e incluso del propio tronco, y al mismo tiempo favorecer la aireación y la entrada de luz al interior de la copa, a la vez que se potencia una brotación que colabore a sanear y equilibrar el conjunto del árbol.

Poda drástica

En circunstancias no previstas y por causas que a menudo tienen que ver con agentes atmosféricos extremos, o bien con la propia interacción del hombre y su desarrollo urbano, se presentan situaciones en las que se producen ramas quebradas y desgarros que precisan actuaciones urgentes, enfocadas a reparar los daños causados; en otros casos es necesario intervenir de una forma más programada cuando se trata de reorientar la dirección de crecimiento del ejemplar, reducir el volumen de la copa o recurrir a labores de trasplante en ejemplares de grandes dimensiones que ya no tienen espacio para seguir creciendo. En el primer caso, además de retirar los restos generados por la rotura, resulta imprescindible sanear la herida eliminando todas las partes astilladas, hasta obtener una superficie lisa con un contorno uniforme que pueda cicatrizar con facilidad. Si se van a realizar actuaciones que permiten ser programadas en el tiempo, es preferible esperar al momento idóneo para practicar los cortes en las ramas en función de la especie, aunque en estas circunstancias se tratará de podas excepcionales que transformarán drásticamente el aspecto de la planta, motivo por el que tienen que realizarse sólo en casos extremos y totalmente justificados. Durante la siguiente temporada, durante el periodo vegetativo, en el que surgen nuevos brotes y ramas, resulta fundamental realizar un seguimiento continuo del ejemplar con objeto de controlar tanto la dirección como la cantidad de nuevas ramas que aparezcan en lugares inadecuados.

▲ Técnicas dispares. *No pueden aplicarse las mismas técnicas de poda en arbustos de diferentes características.*

▲ Respetar la floración. *Si las labores de poda se realizan de forma inadecuada, se puede perjudicar la producción de flores.*

Poda convencional

En las labores de conservación convencionales y habituales, las técnicas de poda tienen como objetivo efectuar un mantenimiento encaminado a mejorar el estado de salud y la estética de los ejemplares sobre los que se trabaja. En los primeros estadios de crecimiento se realiza la poda de formación, a fin de consolidar la estructura y el porte que adquirirá cuando la planta llegue a su estado adulto; es muy importante su buena ejecución en los ejemplares de porte arbóreo, especialmente en aquellos que tendrán voluminosas copas para proporcionar sombra o en los que se pretende obtener estructuras en espaldera, parasol o con formas geométricas muy marcadas. También es importante esta labor de formación cuando los ejemplares están destinados a jardines de arte topiario o formaciones de setos, en cuyo caso prima el objetivo de rellenar todo su volumen en el menor tiempo posible y quede densamente tupido el espacio pensado para conformar la silueta definitiva. Una vez consolidada la estructura, hay que mantenerla realizando podas periódicas que contribuyan a reforzar y mejorar el aspecto del ejemplar a medida que pasan los años. Si esta labor de mantenimiento se realiza de forma adecuada, el resultado podrá disfrutarse al cabo de unos pocos años. En los ejemplares caducos eliminar las ramas jóvenes de forma periódica, con cortes a ras de las ramas estructurales, es una medida muy recomendable tanto en árboles como en arbustos. De esta manera, durante el periodo en que las ramas permanecen desnudas una cuidada y estilizada estructura puede embellecer el jardín en gran medida. En los ejemplares perennes conviene trabajar intensamente sobre las ramas muertas, las mal dirigidas o las más débiles, para procurar conseguir una copa siempre verde soportada sobre robustas ramas primarias bien distribuidas.

Cómo se hace: Mantenimiento de siluetas

1 El primer corte. Se realiza un primer corte ligero y nunca en profundidad que permita descargar las ramas de mayor desarrollo.

2 La forma definitiva. El segundo corte debe ser el que proporcione al ejemplar su forma final.

3 Puntos de vista diferentes. Girar el ejemplar para observar diferentes puntos de vista facilita la creación de las formas geométricas.

4 Compensación de formas. Las zonas irregulares que afloren al girar el ejemplar deben ser retocadas.

5 Último vistazo. Para terminar se eliminan los restos de ramas y hojas enganchados y se realiza la última comprobación de la forma y el contorno obtenido.

Poda de arbolado

El grupo de los árboles se divide en tres tipologías muy bien diferenciadas en función de la clase de poda que precisa su mantenimiento: los árboles silvestres que se desarrollan de forma espontánea, los árboles ornamentales escogidos por sus rasgos estéticos y los árboles frutales que proporcionan suculentos manjares.

Árboles para todos los gustos

En la poda de arbolado, además de las particularidades que pueda presentar cada especie o forma de cultivo, existe una dificultad añadida, que es la gran altura a la que hay que realizar un buen número de cortes; por esta razón es necesario disponer de medios auxiliares específicos para trabajar con facilidad y seguridad. Teniendo en cuenta el uso o la función que va a desempeñar el árbol, es posible establecer un criterio de clasificación de los ejemplares, relevante a la hora de seleccionar el tipo de poda que se va a practicar. Así, en los árboles ornamentales se realizan podas para ampliar la cobertura de sus ramas, con el fin de conseguir la mayor cantidad de sombra o se dota a la copa de una configuración determinada con la intención de reforzar el contorno de su silueta. En cuanto a los árboles frutales, aunque también se pueden moldear con los mismos criterios estéticos, conviene que la poda contribuya a incrementar la producción de fruta; para ello hay que crear un fuste más bajo y ramas principales abiertas que permitan una mejor aireación e iluminación de la copa. En otras ocasiones incluso es posible renunciar a la mayor parte de las técnicas de poda porque lo que se persigue es obtener un aspecto natural y asilvestrado en los árboles cultivados o en los ya existentes, estética que también tiene su encanto y valor para el conjunto del jardín. Independientemente del tipo de poda que se escoja para modelar a los ejemplares de cada uno de estos grandes grupos, resulta muy importante conocer las características de crecimiento de cada especie y sus cualidades particulares, ya que la técnica elegida para conseguir el mismo fin en un árbol caduco y en otro perenne puede ser muy distinta.

◀ PLÁTANO. *Este árbol, que admite labores de poda poco convencionales, se emplea habitualmente para proporcionar sombra.*

▼ LA FLORACIÓN. *Uno de los rasgos más apreciados en los ejemplares ornamentales de porte arbóreo es su floración.*

ÁRBOLES CADUCOS

La caída de la hoja en los árboles caducos marca el inicio del periodo en el que pueden realizarse las labores de poda necesarias para su mantenimiento, sobre todo en aquellas especies que son utilizadas para proporcionar sombra, los que dan flores en las ramas del mismo año y en un buen número de árboles frutales. En ocasiones, cuando el ritmo de crecimiento es reducido, se requiere una poda ligera, que puede practicarse cada tres o cuatro años; sin embargo debe ser más intensa y realizarse de manera anual o bianual si los nuevos brotes son capaces de alcanzar grandes tallas en una sola temporada. Los principales grupos a los que puede hacerse referencia son el de los grandes ejemplares, el de los frutales caducos y el de los ornamentales de pequeña talla. El primero engloba especies tan emblemáticas y habituales como *Platanus* sp. (plátano), *Aesculus hippocastanum* (castaño de Indias), *Ulmus* sp. (olmo), *Robinia pseudoacacia* (falsa acacia), *Catalpa* sp. (catalpa) o *Morus* sp. (morera), por citar algunos ejemplos. Sin duda se trata de un grupo muy extenso y ampliamente utilizado en jardinería, en el que las podas de mantenimiento estructurales son básicas para asegurar la longevidad; entre ellas destaca una modalidad muy singular tanto por el nombre como por el aspecto que proporciona al ejemplar: la poda en cabeza de gato. El objetivo de esta técnica es contener el crecimiento de la copa para que tenga un tamaño reducido y determinado en comparación con el porte que podría llegar a alcanzar en condiciones normales de cultivo, y consiste en realizar una poda anual o bianual a ras de ramas primarias, que conforman la estructura fija del árbol y en cuyos extremos se producen unos abultamientos que se mantienen como punto de brotación principal. Otro grupo fundamental es el formado por los frutales de carácter caduco, entre los que se incluyen *Prunus* sp. (cerezo, almendro, melocotonero), *Malus* sp. (manzano) y *Pyrus* sp. (peral). Para estas especies la poda de

CÓMO SE HACE: MANTENIMIENTO DE LA COPA

1 BASE DE LA COPA. En primer lugar ha de marcarse la base de la copa, recortando las ramas bajas.

2 PERFILADO DEL CONTORNO. Se debe realizar un corte perimetral perfilando todo el contorno, como si se tratase de un cilindro.

3 RECORTE DEL ÁPICE. El despunte y corte de las ramas superiores es la tarea que costará más trabajo.

4 REMATE DE LOS MÁRGENES CURVADOS. El perfilado final debe proporcionar la curvatura necesaria para conseguir la esfera.

5 ÚLTIMOS DETALLES. Observando el ejemplar desde varios puntos de vista se termina de conseguir una total simetría.

formación resulta primordial, al igual que el corte enfocado a favorecer el brote de ramas florales sanas, vigorosas y bien estructuradas. Conviene realizar este trabajo anualmente, siempre respetando los puntos de injerto en caso de que existiesen. Por último, hay que hacer referencia al grupo de los arbolitos ornamentales, conformado por especies que ofrecen ejemplares muy llamativos y apreciados por sus rasgos estéticos, entre los que destacan *Acer* sp. (arce), *Prunus* sp. (cerezo ornamental), *Crataegus* sp. (majuelo) o *Lagerstroemia indica* (árbol de Júpiter). La poda en cada caso tiene unas características particulares según la especie, aunque la búsqueda de copas bien formadas, compensadas y cuidadas al detalle es el fin común.

ÁRBOLES PERENNES

En este grupo quedan englobadas especies de muy diversa índole, ya que además de los árboles estrictamente convencionales, entre los que se encuentran plantas como *Eucalyptus* sp. (eucalipto) o *Arbutus unedo* (madroño), también están incluidos los ejemplares de un buen número de especies pertenecientes al grupo de las coníferas, con representantes de los géneros *Pinus* sp. (pino) o *Cedrus* sp. (cedro) —este grupo será tratado con posterioridad por las importantes singularidades que presenta su mantenimiento—, así como los grandes ejemplares que figuran incluidos en el grupo de las palmeras y en el de las plantas crasas. Dada la diversidad de este conjunto, conviene conocer las peculiaridades más destacables de especies concretas con el fin de aplicar las técnicas de poda más acertadas para su mantenimiento. Por ejemplo, existe un grupo de gran importancia que precisa un cuidado exquisito en lo que respecta al tipo de corte que requieren sus ramas, el

CÓMO SE HACE: RESUBIDO Y LIMPIEZA DEL PINO

1 PRIMER CORTE. Ha de comenzarse por las ramas bajas más gruesas y verdes, realizando el corte en tres pasos para evitar desgarros.

2 LIMPIEZA DE RAMAS SECAS. Tras retirar uno o dos anillos de ramas bajas se eliminan las pequeñas ramitas secas que puedan quedar.

3 ÚLTIMO CORTE. Conviene comprobar si está compensada la copa y eliminar alguna rama más que interese estéticamente.

4 REPASO DE CORTES. Se aconseja repasar los cortes practicados con una navaja para facilitar una buena cicatrización.

CIPRESES. *La poda del ciprés puede ser ligera o estar enfocada a configurar formas geométricas muy perfiladas.*

MEZCLA DE EJEMPLARES. *Para obtener conjuntos armónicos compuestos por varios ejemplares, las labores de poda han de ser ligeras.*

formado por ejemplares centenarios o al menos muy longevos; entre ellos figuran especies tan apreciadas en jardinería como *Olea europaea* (olivo), *Ceratonia siliqua* (algarrobo), *Quercus ilex* (encina), *Punica granatum* (granado), *Magnolia grandiflora* (magnolio) o *Arbutus unedo* (madroño). Para su mantenimiento es preciso, sobre todo, eliminar rebrotes y ramas bajas que contribuyen a reducir el vigor y el desarrollo de la copa, especialmente cuando el ejemplar acaba de ser trasplantado, ya que en este proceso se recurre a una poda drástica para asegurar su viabilidad. Una vez consolidado en su nueva ubicación, comienzan las labores de poda encaminadas a formar una copa acorde con el tamaño del tronco y las ramas principales. Otro gran grupo es el de las palmeras y aquellas especies que disponen de un penacho de hojas en la parte apical del tronco, como sucede con algunas pertenecientes al género *Dracaena* sp. (drácena). Estas plantas necesitan, como el resto, una poda muy particular que consiste en eliminar cada año las hojas más viejas y estropeadas que van situándose en la parte exterior del penacho. Además, también hay que recurrir al perfilado y recorte del tronco para crear un cilindro perfecto de contorno regular, o bien mantener la base de las vainas en el punto en el que se insertan en el tronco, como puede ser el caso de los ejemplares de *Washingtonia* sp. (palmera de abanico). Otro de los grupos que hay que mencionar es el de los pequeños ejemplares de copa, que se caracterizan por su reducido desarrollo y por esta

EJEMPLARES DE GRANDES HOJAS. *La poda debe realizarse seccionando tallos y brotes completos y procurando no dañar las hojas.*

▲ MAGNOLIA GRANDIFLORA. *El lento desarrollo de esta especie permite que la poda se realice de forma muy esporádica.*

◀ SAUCE LLORÓN. *Tras una poda exhaustiva, las ramas del año pueden llegar a tocar el suelo nuevamente.*

▼ REPARADORA SOMBRA. *El castaño de Indias rojo, ayudado por adecuadas labores de poda, ofrece una buena sombra.*

razón se usan habitualmente en alineaciones o para marcar el acceso a entradas principales. *Ligustrum japonicum* (aligustre japonés), *Ilex* sp. (acebo) o *Laurus* sp. (laurel) son algunos de los ejemplos más representativos en los que la poda está enfocada a mantener copas perfectamente redondeadas.

ÁRBOLES SILVESTRES

Existe la posibilidad de que en la zona en la que se va a establecer un jardín haya algunos ejemplares autóctonos, cuyos rasgos diferenciadores serán la total adecuación al clima del lugar y sus reducidas necesidades de mantenimiento; estos árboles ofrecerán un desarrollo asilvestrado que puede resultar muy interesante, aunque también es posible incorporar este tipo de especies de forma artificial con la finalidad de lograr el mismo objetivo estético. Los más habituales pueden presentar características muy dispares, como sucede con un buen número de especies de los géneros *Quercus* sp. (encina, alcornoque, roble), *Fraxinus* sp. (fresno), *Arbutus unedo* (madroño), *Salix* sp. (sauce), *Abies* sp. (abeto), *Juniperus* sp. (enebro) o

Cómo se hace: Corte en ramas laterales

1 RAMAS ENTRECRUZADAS. Con cuidado de no dañar la rama principal y las aledañas, se inicia el corte por la parte inferior.

2 SEGUNDO CORTE. Tras el primer corte parcial, se practica un segundo desde el extremo contrario, procurando no producir desgarros.

3 EL TERCER CORTE. En paralelo y justo a ras del tronco principal se efectúa el tercer corte, siempre de arriba abajo.

4 CORTE IRREGULAR. En ramas codominantes resulta difícil realizar cortes con un buen acabado.

5 RETOQUE DEL CORTE. Con ayuda de una navaja bien afilada se repasa el corte con el fin de facilitar la cicatrización.

6 APLICACIÓN DE PASTA CICATRIZANTE. Con una brocha se extiende la pasta cicatrizante, hasta cubrir por completo la herida.

Pinus sp. (pino). En este caso, la opción de mantener su aspecto natural dentro del jardín puede contribuir a proporcionar variedad al conjunto, ya sea con ejemplares aislados o con formaciones de bosquete. De este modo, es fácil llegar a la conclusión de que la poda que van a demandar los ejemplares silvestres es muy reducida, y consistirá simplemente en eliminar las ramas secas, enfermas o perjudiciales para el conjunto, labores de resubido o refaldado de chupones en el tronco —siempre y cuando los ejemplares ofrezcan de forma natural una copa diferenciada, ya que existen especies que mantienen su porte arbustivo aun cuando son capaces de alcanzar enormes tallas—, y el despunte de las ramas que crezcan demasiado desviadas y podrían, a corto plazo, quebrarse por exceso de peso. En otras circunstancias, debería evitarse practicar labores de poda que contribuyan a moldear su silueta, salvo en casos excepcionales y drásticos.

7 SECADO. Tras asegurarse de que la capa aplicada es uniforme y homogénea, se deja que seque la pasta cicatrizante.

Poda de arbustos perennes

Las especies arbustivas perennes son sin duda aquellas que requieren una mayor variedad de técnicas de poda y de manera más intensa, ya que ofrecen una gran diversidad de posibilidades de cultivo para obtener formas en ejemplares aislados, confeccionar tupidos setos y lograr creaciones con diferentes volúmenes y tonalidades en macizos.

Ejemplares con grandes posibilidades

Disponer de tallos repletos de hojas durante todo el año supone la gran ventaja de este tipo de plantas, ya que son capaces de mantener un aspecto uniforme y lustroso en cualquier parte del jardín, independientemente de la estación en la que nos encontremos o la climatología que predomine. Esta característica de uniformidad a la que se ha hecho referencia es especialmente beneficiosa a la hora de llevar a cabo el mantenimiento y, en particular, en el momento de realizar la poda, ya que estas tareas quedan relegadas a una serie de técnicas convencionales y muy sencillas de aplicar encaminadas tan sólo a mantener el porte y el aspecto propio de cada especie, y a impedir que se produzcan interferencias con los ejemplares situados en el entorno más inmediato. Con las labores de poda en este grupo de plantas también se busca evitar la proliferación de enfermedades, que se propagan con rapidez cuando existen ramas poco vigorosas y débiles o ya estropeadas intercaladas con el resto del follaje.

▲ Plantas crasas. *Su peculiar morfología y crecimiento obliga a poner en práctica labores de poda escasas y poco convencionales.*

Arbustos jóvenes y adultos

Existen ciertas diferencias a la hora de manejar las tijeras de podar en caso de que se deba practicar cortes a un ejemplar que lleva poco tiempo plantado y que se encuentra en periodo de formación con respecto a otro ya asentado y consolidado en la superficie de cultivo. Los arbustos

▲ Eliminación de frutos. *Tras la fructificación, conviene podar las ramas de los arbustos perennes ya que pueden ofrecer un aspecto estropeado que perjudica al ejemplar.*

recién plantados sólo necesitan labores de corte cuando en el periodo de enraizamiento, tras su trasplante de la maceta al terreno definitivo, alguna rama se estropea o se seca por efecto de la propia manipulación o bien porque parte del sistema radicular haya sufrido en el proceso. Cuando se originen los nuevos brotes es el momento de intervenir para evitar un desarrollo desequilibrado, la aparición de ramas mal dirigidas y, en definitiva, un crecimiento que tenga como resultado un ejemplar adulto mal estructurado y con descompensaciones. Es entonces cuando las labores de despunte y perfilado son necesarias, pues deben contribuir a controlar el crecimiento de la rama guía y el de las ramas secundarias laterales; se debe procurar en todo momento que el desarrollo se aproxime o incluso mejore, en la medida de lo posible, al que tendría en estado natural, sin entorpecer ni desviar de forma irracional su evolución, salvo que se trate de un cultivo encaminado a obtener un seto de protección o delimitación, o bien en el caso de ejemplares a los que se ha dotado de un diseño de forma geométrica o integrados en el arte topiario. Para trabajar sobre los ejemplares adultos, conviene recordar que en este caso concreto la finalidad es contener un desarrollo desmesurado, posible causante de interferencias, tanto con otros ejemplares como con los elementos arquitectónicos —fachadas, pérgolas, accesos y paseos—. Las labores de poda consistirán en aclarar, descargar y limpiar las copas y las masas vegetales si se encontraran muy enmarañadas y estropeadas, renovar la brotación para sustituir todas las ramas envejecidas y debilitadas con el paso de los años, y favorecer la floración y la fructificación si los ejemplares resultan relevantes desde el punto de vista ornamental.

▲ LAURELES EN COPA. *Su cultivo en pareja obliga a realizar las labores de poda al mismo tiempo.*

◀ RECONVERSIÓN. *A partir de un ejemplar arbustivo envejecido puede obtenerse mediante la poda un singular arbolito.*

Grupos y especies

La variedad botánica en el conjunto de plantas arbustivas perennes es verdaderamente amplia, ya que en él pueden englobarse grupos tan dispares como el de las plantas aromáticas, las coníferas, las plantas crasas y los cactus, las palmeras de porte arbustivo, las gramíneas, algunos frutales e incluso las trepadoras. Como es de suponer, las técnicas de poda difieren mucho de unas especies a otras, a lo que hay que sumar los detalles específicos que caracterizan a algunas en particular.

Si se siguen las recomendaciones generales, existen dos agrupaciones que pueden compartir un tipo de labor que podría catalogarse como drástica, pero que en realidad contribuye a sanear y reforzar la morfología y belleza de los ejemplares podados. Se trata de los grupos en los que están incluidas las plantas aromáticas por un lado y por el otro las gramíneas de gran porte. En ambos casos, tras la floración es posible disfrutar también de las inflorescencias, especialmente en los géneros *Lavandula* sp. (lavanda) y *Cortaderia* sp. (hierba de la pampa). Se recomienda realizar un corte a ras de mata para evitar el envejecimiento progresivo del ejemplar, pues con ello se controla anualmente su desarrollo y así cada temporada se embellece con nuevos y lustrosos tallos y hojas. Otro grupo singular es el formado por las plantas suculentas, en el que están englobadas las crasas y los cactus. Dentro de este conjunto un buen número de especies ofrecen un porte y un desarrollo muy reducidos, y tallos no leñosos sobre los que las tijeras de poda deben actuar en muy contadas ocasiones. La excepción a esta regla son las especies que pueden utilizarse para formar setos, como ocurre con *Euphorbia milii* (espina de Cristo),

Cómo se hace: Pinzado y perfilado

1 Eliminación de guías principales. El despunte de las ramas apicales es una tarea habitual cuando se desea retener el crecimiento vertical.

2 Proporcionar forma al contorno. Con un ligero recorte en las ramas laterales se consigue dar un contorno homogéneo al ejemplar.

3 Ramas envejecidas. En la parte baja y en las zonas internas de la mata conviene cortar las ramas envejecidas y secas.

4 Retoque final. Para conseguir un aspecto natural se pueden realizar cortes hacia el interior de la mata que rompan el contorno regular.

Opuntia sp. (chumbera, opuntia) o *Aloe arborescens* (aloe), capaces de aceptar cortes en sus tallos para mantener su crecimiento entre unos límites mínimos. En este apartado también hay que mencionar a aquellas plantas arbustivas diferentes debido a su forma de crecimiento. En este aspecto, tanto las trepadoras como las de hábito rastrero ofrecen alguna singularidad. En ambas la poda de formación está más enfocada a redireccionar el sentido de crecimiento que a proporcionar una estructura base en los tallos principales, puesto que utilizan su entorno como elemento de soporte, ya sean muros verticales, celosías y pérgolas en el caso de las trepadoras, ya sean las rocas, la irregularidad del terreno y en ocasiones la altura de una maceta o jardinera en el caso de las rastreras, que se adaptan a su contorno y dejan que sus tallos las cubran o se desarrollen en una dirección de crecimiento invertida. Para evitar disgustos en ambos casos, hay que tener mucho cuidado y no cortar por accidente los tallos principales situados en la base de la mata.

▼ COMPOSICIONES VARIADAS. *Los macizos compuestos por diversas y variadas especies requieren diferentes técnicas de poda para lograr formaciones armoniosas.*

Cómo se hace: Formación en pirámide

1 DESPUNTE. Los primeros cortes están enfocados a despuntar las guías principales, para controlar en mayor medida las secundarias y dejar una principal centrada.

2 RECORTE DE LATERALES. Incluso si el ejemplar no ofrece un follaje muy tupido, hay que mantener una línea de corte imaginaria que marque el límite de crecimiento.

3 RETOQUE EN LA BASE. Conviene controlar el desarrollo de las ramas bajas que se propagan con fuerza desde la base.

4 PERFILADO. Los brotes nuevos demasiado espigados deben ser despuntados para propiciar el rebrote interior.

5 ASPECTO GENERAL. Tras la poda hay que observar el comportamiento de los nuevos brotes y evitar que se descompense la estructura concebida.

Poda de arbustos caducos

Los arbustos que con la otoñada muestran su carácter caduco ofrecen multitud de posibilidades en lo que se refiere a la aplicación de técnicas de poda, la mayoría concentradas en las estaciones en las que los tallos se encuentran desprovistos de hojas. Disponer de ejemplares sanos y estéticamente vigorosos depende en gran medida de que los cortes se realicen de forma apropiada.

Diversos tipos de poda y recorte

Cuando las ramas de una planta quedan desnudas y desprovistas de hojas durante unos meses al año, ésta necesita que se ponga especial esmero en cuidar la estructura que configuran el tronco y las ramas en la formación del ejemplar arbustivo, ya que aunque sus principales cualidades se muestren a lo largo de los meses en los que se produce el desarrollo vegetativo, en otoño y verano no tiene por qué desmerecer su presencia en el jardín. Si desde los primeros años de desarrollo se lleva a cabo una poda cuidada, pensada y bien ejecutada, cuando el ejemplar haya alcanzado un porte y una talla aceptables se podrán disfrutar los resultados con entera satisfacción. A la hora de vislumbrar el futuro aspecto del arbusto, debe tenerse en cuenta el espacio disponible y la altura a la que quiere mantenerse. Así, puede escogerse antes de podar entre moldear una masa arbustiva que crezca a partir de varios tallos de tamaño y longitud semejantes, que arrancan desde la misma superficie de cultivo, o dejar un fuste principal de media talla que esté coronado por una copa más o menos voluminosa. La primera opción es la más habitual en el cultivo de arbustivas en macizo, maceta o jardinera, caso en el que más o menos se respeta el porte natural de la especie, pero la segunda propuesta puede contribuir a realzar la belleza de algunos ejemplares de cierta relevancia. Con este fin, la copa será más o menos simétrica y tendrá un contorno perfilado, si el ejemplar florece en ramas de segundo año. También se puede optar por crear la copa a partir de una cruceta con tres o cuatro ramas principales que, progresivamente, se dividan en otras secundarias, ya sea por bifurcación o manteniendo la estructura de tres o cuatro brotes. Este último planteamiento es el apropiado para ejemplares que florecen en ramas de primer año, o cuando se desea que la planta sobresalga dentro del jardín, combinada con arbustos de porte rastrero o tapizante.

▲ Cerezos ornamentales. *Aunque estas especies pueden cultivarse en formaciones arboladas, también es posible dotarlas de porte arbustivo mediante labores de poda.*

La finalidad de la poda

En la mayoría de las plantas arbustivas caducas el rasgo ornamental que más predomina es una llamativa floración, aunque la tonalidad de las hojas y la fructificación en algunos casos también pueden llegar a ser muy relevantes. De este modo, la poda en la mayor parte de los trabajos se practica con el fin de mantener y mejorar la abundante y esplendorosa floración. Para realizar esta tarea, por lo tanto, es necesario conocer el tipo de floración y el momento en el que se produce, ya que resulta fundamental a la hora de asignar el periodo de poda. De un modo quizá secundario, en ejemplares de pequeño porte y, aún más, en aquellos que son capaces de alcanzar grandes tallas, son importantes la poda de formación y la de mantenimiento de estructura, tal y como sucede en especies tan valiosas como *Lagerstroemia indica* (árbol de Júpiter), capaz de llegar a proporcionar formaciones arbóreas, o *Philadelphus* sp. (celindo), *Prunus* sp. (cerezo ornamental) y *Buddleia* sp. (budleya), por citar algunos de los ejemplos más habituales. En lo que respecta a la poda de formación, conviene señalar los criterios que se deben poner en práctica y los objetivos que se han de perseguir para que el ejemplar posea una estructura bien formada. En primer lugar hay que seleccionar cuál o cuáles van a ser los tallos principales y pensar de qué maneras diferentes se puede diseñar la forma y la estructura de la copa. A continuación se ha de poner en práctica el proyecto que se ha imaginado eliminando las ramas mal dirigidas, entrecruzadas o las que pueden competir en codominancia, suprimiendo chupones

▲ ARBUSTIVAS TREPADORAS. *Este tipo de ejemplares requiere unas labores de poda muy particulares, especialmente las encaminadas a controlar y reorientar su crecimiento.*

y brotes laterales orientados en una dirección inapropiada, y pinzando los tallos principales que en los primeros años de desarrollo han crecido de forma desmesurada descompensando y desequilibrando la estructura de la planta. Otro de los objetivos de la poda es rejuvenecer los ejemplares envejecidos que han perdido vigor y han visto mermadas sus cualidades estéticas. Son muchas las especies que admiten podas drásticas a partir de las cuales resurgen y generan nuevos y sanos brotes, entre las que destacan *Syringa* sp. (lilo), *Ligustrum* sp. (aligustre) o *Viburnum opulus* (bola de nieve); algunas de ellas pueden incluso emplearse para la formación de setos.

CÓMO SE HACE: PODA DE LA FORSITIA

1 ELIMINACIÓN DE RAMAS VIEJAS. Aprovechando la floración en ramas de segundo año, es posible rejuvenecer a los ejemplares eliminando las ramas más viejas y estropeadas.

2 ELECCIÓN DE NUEVOS BROTES. Hay que tener en cuenta que el corte debe realizarse por encima de un nuevo brote vigoroso, bien orientado y sano.

3 COMPENSAR EL CRECIMIENTO. Si alguna rama descompensa el porte del ejemplar, conviene cortarla para igualar el desarrollo y equilibrar su crecimiento.

Cómo se hace: Poda del árbol de Júpiter

1 INICIO DE LA PODA. Tras la caída de las hojas, los árboles de Júpiter ofrecen un aspecto enmarañado y lleno de racimos marchitos de flores y frutos.

2 ELIMINACIÓN DE TALLOS ANUALES. Con la poda deben eliminarse todos los tallos desarrollados en el año, a fin de favorecer una potente brotación en la nueva temporada.

3 CREACIÓN DE LA ESTRUCTURA. Hay que elegir las ramas principales que, año tras año, mantendrán una estructura escultural en el ejemplar.

4 CORTE A RAS DE TALLO. Las ramas cortadas han de quedar a ras del tallo principal; si fuese necesario, se deben repasar los cortes.

5 ACABADO. Tras la poda, el aspecto que deben presentar los tallos es el de horquillas bifurcadas.

La poda de mantenimiento

Tras la consolidación de los ejemplares y una vez que se ha conseguido definir una estructura clara en su porte y morfología, es el momento de trabajar para conservarla, realizando cortes anuales en la medida en la que cada especie lo requiera. Así, se procurará por todos los medios mantener la parte interna del arbusto libre de ramas mal dirigidas y entrecruzadas para facilitar una buena insolación y ventilación, y se intentará contener su crecimiento, al tiempo que se permite un desarrollo tan natural como sea posible. Conservar la sensación de equilibrio entre el tronco y las diversas ramas primarias y secundarias constituye un objetivo prioritario, así como las actuaciones que contribuyan a evitar la rotura de las ramas, que se pueden tronchar por la interferencia de otros elementos del jardín y, principalmente, por el contacto con

◀ EJEMPLARES DE PORTE LLORÓN. *Nunca deben cortarse por debajo de las ramas injertadas.*

personas o animales, en especial los niños y las mascotas. Todas estas labores pueden estar programadas en el tiempo, pero existen otras que deben realizarse siempre que sean necesarias, como es el caso de la eliminación de flores marchitas, frutos maduros que comienzan a desprenderse, ramas secas, enfermas o estropeadas, chupones sobre el fuste principal si existe y, sobre todo, si están ubicados bajo el punto de injerto, situación muy habitual en especies como *Rosa* sp. (rosal), *Prunus* sp. (cerezo ornamental) o *Hibiscus* sp. (hibisco), y en grupos ornamentales como los que disponen de tallos colgantes en copas de porte llorón o péndulo, o tallos convencionales en copas formadas sobre portainjertos resistentes y robustos. Por último, debe hacerse mención a dos tipos de poda no convencionales. La primera, denominada poda en verde, es habitual en las formaciones de seto de mediana altura y especialmente en pequeñas borduras, pero también se utiliza para mejorar el aspecto de ejemplares cultivados en solitario, máxime cuando se trata de especies apreciadas sólo por el aspecto y los rasgos de su follaje. La segunda es la que se realiza si se producen heladas muy intensas durante el invierno. Su finalidad es mantener la silueta y el contorno del ejemplar cuando se encuentra en pleno periodo vegetativo, y suele coincidir con el final de la primavera o el principio del verano. No es más que un perfilado y despunte de los nuevos brotes tras el crecimiento de primavera, con objeto de contener el desarrollo de la copa en los límites de volumen que han sido marcados; en algunos casos también se persigue potenciar la aparición de una segunda floración en otoño. Las podas que se practican después de intensas heladas están enfocadas a eliminar y recuperar tallos afectados por el hielo. Para ello, el corte se realiza justo por debajo de la madera dañada, que habitualmente presenta un aspecto negruzco y marchito.

▲ OBTENCIÓN DE ROSAS. *Uno de los objetivos más importantes que tiene la poda en los rosales es favorecer la floración.*

▲ GLICINIA. *Al realizar la poda hay que saber diferenciar los brotes florales para evitar cortarlos al reducir la longitud de los tallos.*

▲ FORSYTHIA SP. *No debe podarse en otoño, pues se pierde parte de la floración.*

PODA DE CONÍFERAS

Sus características tan singulares, como la gran resistencia a los agentes climáticos y un carácter casi exclusivamente perenne, proporcionan interesantes ventajas a la hora de llevar a cabo el mantenimiento y la poda de estas plantas. Quizá lo más complicado es que muchas de ellas son capaces de alcanzar grandes tallas, sobre las que antes o después hay que trabajar.

Un amplio y variado grupo de plantas

El grupo de las coníferas es muy valioso dentro de la jardinería, ya que la mayoría de ellas son plantas adaptadas a condiciones muy duras de supervivencia soportando climatologías frías con hielo, viento y nieve en unos casos, y veranos tórridos en otros, como sucede con todas las especies aclimatadas a los ambientes mediterráneos y con carácter continental. Por otro lado, existen géneros en los que se incluyen tanto especies de porte arbóreo como arbustivo, que pueden cultivarse como ejemplares aislados o en tupidos setos, y además requieren labores de poda muy sencillas con una periodicidad muy pequeña.

▲ **Variadas tonalidades.** *El verde, los amarillos y las tonalidades ocres son habituales en el color de las hojas de las coníferas.*

Con porte de árbol

Las grandes coníferas constituyen un elemento indispensable en cualquier jardín gracias al verdor que ofrecen durante todo el año y a la singular silueta que dibujan sobre el horizonte, salvo alguna excepción de carácter caduco. Así, destacan las coníferas en formación piramidal y de gran porte, como es el caso de *Abies* sp. (abeto), *Sequoiadendron giganteum* (secuoya) o *Cedrus* sp. (cedro); las labores de corte consisten en la eliminación de las ramas secas del interior de la copa y el pinzado de alguna

◀ **Ejemplares jóvenes.** *Las coníferas arbustivas suelen cultivarse a partir de ejemplares de pequeño tamaño, aunque luego son capaces de alcanzar tallas que superan a muchos árboles convencionales.*

▶ **Contenedores.** *Debido a su lento crecimiento, algunas variedades de coníferas se prestan a desarrollarse en diversos contenedores.*

rama baja que suponga un obstáculo o interfiera en el uso normal del jardín. En lo que respecta a las especies del género *Cupressus* sp. (ciprés, arizónica) o *Cupressocyparis leylandii* (ciprés de Leyland), las tareas de poda se centran básicamente en el recorte y perfilado reiterativo de su silueta, ya que son muy comunes en formaciones de seto o como ejemplares aislados que destacan por su contorno perfecto. En el caso de las coníferas que forman copas convencionales, como *Pinus* sp. (pino), la poda tiene como objetivo eliminar las ramas secas del interior y configurar la formación, que consiste en el resubido de copa, cortando uno o dos de los anillos formados por las ramas más bajas,

▶ RAMAS DESVIADAS. *La acción del viento o el peso de la nieve pueden provocar que alguna rama se venza; en ese caso habría que cortarla.*

CÓMO SE HACE: PERFILADO DEL CIPRÉS

1 PERFILADO LATERAL. El ciprés admite varios cortes al año, labor que controla el crecimiento en horizontal de los nuevos brotes.

2 OBSERVAR CON PERSPECTIVA. De vez en cuando conviene observar a cierta distancia el tipo de corte que se está realizando.

3 RETOQUES. A continuación, hay que proceder a efectuar los retoques pertinentes.

4 ELIMINACIÓN DE FRUTOS. Antes de que maduren los frutos del ciprés y por su peso se venzan las ramas más delicadas, conviene retirarlos con unas tijeras.

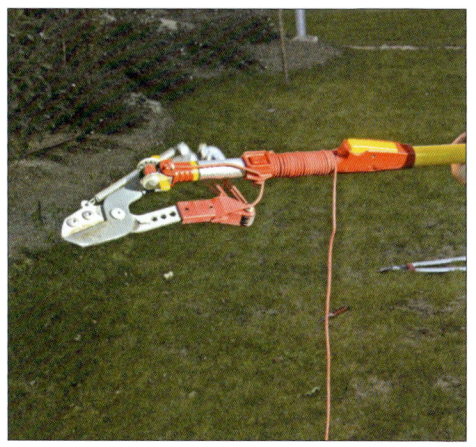

5 CORTES EN ALTURA. El empleo de unas tijeras acopladas a una pértiga resulta indispensable si no se desea utilizar una escalera.

6 MANTENIMIENTO DEL ÁPICE. Los cipreses no se despuntan, salvo que se desee controlar su desarrollo. Basta con eliminar los brotes que puedan suponer problemas de codominancia.

a fin de que vaya adquiriendo cada vez mayor altura. Esta labor concluye cuando el tronco haya adquirido una longitud razonable, y a partir de entonces bastará con eliminar las ramas entrecruzadas en el interior de la copa y hacer limpieza de las secas que perjudican la estética del ejemplar y pueden contribuir a empeorar su estado de conservación, ya que tiende a acumularse pinocha (acículas) y a formarse marañas de material seco que propagarían el fuego con rapidez. Dentro del grupo de las coníferas de porte arbóreo también existen representantes de hoja caduca, como *Taxodium distichum* (ciprés de los pantanos) y *Larix decidua* (pino laricio); el primero destaca porque vive con las raíces sumergidas en el agua. Ambos tienen porte piramidal y su crecimiento es más bien lento, por lo que las labores de poda son prácticamente inexistentes.

Con porte de arbusto

En este grupo se engloban especies que estrictamente presentan un desarrollo más o menos reducido, aunque también se encuentran otras que en condiciones normales de cultivo podrían llegar a alcanzar porte de árbol, pero que mediante labores de poda contienen su evolución, de modo que se obtienen ejemplares arbustivos moldeados con formas geométricas variadas. En este último grupo figuran muchos ejemplos pertenecientes a los géneros *Cupressus* sp. (ciprés, arizónica), *Chamaecyparis* sp. (ciprés menor) o *Thuja* sp. (tuya), y especies como *Taxus baccata* (tejo) o *Juniperus communis* (enebro). Estas plantas admiten podas reiteradas y

Cómo se hace: Formación en bonsái

1 EJEMPLAR JOVEN. En estados de desarrollo muy tempranos, algunos ejemplares de conífera pueden ser modelados con suma facilidad.

2 SELECCIÓN DE RAMAS PRINCIPALES. La eliminación de algunas ramas secundarias contribuye a crear la estructura del futuro ejemplar.

3 PINZADO DE BROTES. Para controlar su evolución y aumentar el volumen, conviene pinzar los nuevos brotes una o dos veces al año.

4 EJEMPLARES EN MINIATURA. Con paciencia y manejando las tijeras con delicadeza, es posible moldear un buen número de especies de conífera.

despuntes en el ápice para controlar su desarrollo, tanto en altura como en anchura, y con ellas se pueden crear desde setos de media talla hasta ejemplares esculturales cultivados por parejas en maceta. Mención especial merecen los géneros *Thuja* sp. (tuya) y *Juniperus* sp. (junípero), ya que ofrecen una muy amplia lista de especies, y a su vez variedades de éstas, en las que es posible encontrar todo tipo de formas y hábitos de crecimiento, desde rastrero, piramidal o almohadillado, hasta erguido convencional o con desarrollo horizontal. Además, también ofrecen tonalidades de hoja tan ricas que pueden llegar a hacer olvidar la ausencia de floración vistosa. El hecho de que existan variedades tan singulares supone que las labores de poda son casi inexistentes, ya que de forma intrínseca disponen de cierta regulación en su desarrollo, que relega esta tarea a la eliminación de alguna rama seca o el despunte de algún tallo, por criterios estéticos y sólo en ejemplares adultos.

▶ CON O SIN PODA. *Los cipreses pueden o no perfilarse. Su acabado es muy diferente, pues depende del grado de artificialidad que se desee imprimir al ejemplar.*

▲ DESARROLLO CONTENIDO. *Muchos ejemplares arbustivos apenas requieren labores de poda debido a las singularidades de la variedad a la que pertenecen.*

▶ TODO TIPO DE PODA. *Algunos géneros admiten cualquier tipo de poda ya que tienen una gran capacidad de regeneración.*

PODA DE SETOS

Las grandes dimensiones de los setos perimetrales contrastan con las pequeñas borduras que se utilizan para delimitar caminos, a pesar de que en ambos casos el objetivo es crear un muro vegetal que ofrezca funcionalidad y frondosidad al mismo tiempo. Para conseguirlo, además de los cuidados habituales de cualquier planta, se precisan podas periódicas que mantengan su morfología.

Trazar bien las líneas rectas

Si las labores de poda convencionales suponen un esfuerzo físico considerable, cuando se trata de realizar el recorte de un seto la tarea además suele ser agotadora. En ocasiones hay que combinar fortaleza en los brazos, destreza para realizar el trazado, equilibrio para trabajar a cierta altura y paciencia cuando se contempla ante uno mismo muchos metros de altos setos. Esta labor suele ser anual en la mayoría de las especies, aunque si se desea disponer de un seto bien delimitado y conservado, lo recomendable es realizarla al menos dos veces, coincidiendo con el inicio de la primavera y del otoño. La mayor parte de las especies utilizadas se adaptan perfectamente a una labor de poda tan intensiva, ya sean de hoja perenne, como sucede con *Ligustrum japonicum* (aligustre japonés), *Prunus laurocerasus* (lauro), *Viburnum lucidum* (viburno), *Laurus nobilis* (laurel), *Buxus* sp. (boj) o *Euonymus* sp. (Evónimo), o de hoja caduca, con ejemplos tan singulares como *Fagus sylvatica* (haya), *Berberis auricoma* (agracejo), *Ligustrum vulgare* (aligustre) o *Syringa vulgaris* (lilo). En el grupo de las plantas perennes el objetivo que se busca con su cultivo es formar verdaderas barreras físicas, que conserven el mismo aspecto tanto en verano como en invierno. Suelen ser más uniformes estéticamente, y la poda debe contribuir a que se ramifiquen con rapidez y abundancia en el

◀ ALTURAS CONSIDERABLES. *En ocasiones, los setos perimetrales pueden llegar a alcanzar más de 3 m de altura, lo que complica la labor de poda.*

▼ COMBINAR ARBUSTOS. *La convivencia en un parterre de un seto con arbustos cultivados en macizo es habitual y aporta belleza al conjunto.*

Cómo se hace: Recorte de seto

1 Inicio del corte. Se aconseja comenzar por la parte baja del seto, en el extremo contrario al del manejo de la herramienta o máquina de corte.

2 Avance progresivo. Siempre conviene a la hora de avanzar en el corte situarse de frente, dejando a la espalda la superficie cortada.

3 Zonas conflictivas. Cuando aparece un obstáculo hay que cambiar en ocasiones el sentido del corte, poniendo más cuidado en el manejo del cortasetos.

4 Corte en altura. El recorte de la parte superior es más dificultoso, por lo que a veces es necesario utilizar escaleras o andamios que faciliten el trabajo.

5 Repaso final. Una vez cortada toda la superficie del seto, conviene repasar tras observar con perspectiva y distancia la alineación conseguida.

interior de la formación. En algunas especies, en concreto en el grupo de las coníferas, se precisa un control fitosanitario más exhaustivo, ya que la proliferación de hongos puede causar verdaderos estragos. Si bien la limpieza y la desinfección de los útiles de corte es una medida altamente recomendable en cualquier caso, en esta ocasión su aplicación es imprescindible, pues la propagación de las enfermedades se produce rápidamente. En la elección de los ejemplares de hoja caduca también intervienen sus rasgos ornamentales, como son la floración, la tonalidad de la hoja tanto en periodo vegetativo como en la estación otoñal o el aspecto estructural de las ramas durante el invierno. En este grupo no tiene tanta importancia el corte periódico y perfectamente perfilado como el hecho de realizar una buena labor de formación con las tijeras de mano en las ramas interiores, ya que además de mejorar la estética invernal se potencia el brote primaveral.

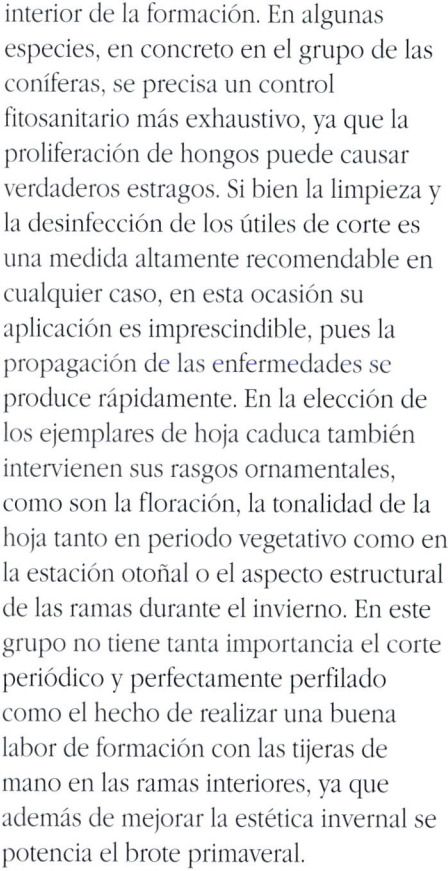

◀ **Seto con formas.** *Los más virtuosos del corte pueden intercalar formas o configurar un horizonte con siluetas que se aparten de la línea recta.*

Fichas de plantas

Para la interpretación de los símbolos, consultar la página 96.

PLANTAS TREPADORAS

Las especies ornamentales englobadas en este grupo se caracterizan porque muchas se desarrollan de forma invasiva, cubriendo amplias superficies tanto verticales —muros y vallas—, como horizontales —sustratos o estructuras de sombra—. Por este motivo las labores de poda se centran en controlar su crecimiento, aunque también existen especies que requieren podas más específicas, bien porque producen frutos comestibles, bien porque es posible modelar su forma para crear ejemplares aparasolados u obtener cepas esculturales.

Bougainvillea sp.

Campsis sp.

Bougainvillea sp.

La buganvilla es una planta de hojas perennes en ambientes cálidos, pero éstas pueden perderse si los inviernos son fríos. Dispone de tallos espinosos que producen en su primer año una abundante floración. La poda debe realizarse al final del invierno o al principio de la primavera, antes de que comiencen a desarrollarse los brotes, y tiene dos finalidades: controlar el crecimiento y crear una estructura de tallos resistente y bien formada. Deben seleccionarse los brotes más fuertes y los mejor dirigidos, dejando sólo tres o cuatro tallos basales para conformar cada ejemplar. Conviene eliminar los tallos débiles y mal orientados, y las ramas más vigorosas deben reducirse en dos tercios cada vez que sean podadas.

○○○◆◆◆□□

Campsis sp.

Conocida como campsis o bignonia, esta planta presenta tallos de hojas de carácter caduco con capacidad para desarrollar raíces aéreas. Su mayor atractivo reside en los racimos de flores rojas o anaranjadas en forma de trompeta que proporcionan en verano, siempre que estén situadas en lugares soleados. La poda debe realizarse al final del invierno o al principio de la primavera, y con ella hay que eliminar los tallos que toman direcciones poco apropiadas y descargar la densa maraña de ramas que forman los ejemplares en poco tiempo. Los nuevos brotes surgen con vigor desde cualquier altura, y las partes podadas se reemplazan rápidamente. Aunque desarrolla raíces aéreas, conviene atar los tallos a estructuras de sujeción, en especial si no se cultivan sobre celosías, rejas o vallas metálicas o de madera.

○○○◆◆◆□□

Hedera sp.

La hiedra es una de las plantas trepadoras perennes más vigorosas y frondosas que pueden incluirse en un jardín, pues sus raíces aéreas son capaces de invadir amplias superficies de fachada, cubrir árboles por completo e incluso tapizar suelos y paredes. Admite podas en cualquier época del año, aunque el final del invierno y el final del verano son los momentos más apropiados para que los tallos se cubran rápidamente de nuevas hojas. Se emplean como cobertoras para formar setos y proteger amplias superficies, tanto verticales como horizontales. Poseen hojas verdes o variegadas, que pueden ser de grandes dimensiones o pequeño tamaño, mientras que su floración es poco llamativa.

○◆◆□□□

Jasminum sp.

Jasminum sp.

Son dos las especies de jazmín más habituales en jardinería, ambas caducifolias: Jasminum nudiflorum o jazmín de invierno, provisto de flores amarillas invernales, y Jasminum officinale o jazmín de olor, de floración primaveral y estival en color blanco. Ambas se podan tras la floración. La primera poda debe potenciar el desarrollo de varios tallos basales, con el fin de abrir cada mata tanto como sea posible sobre la superficie que se desea ocupar; se deben atar los tallos para orientar de forma adecuada la dirección de crecimiento. Las dos especies admiten podas drásticas, ya que renuevan los tallos con rapidez, aunque el jazmín de olor no dará flores hasta transcurridos al menos dos años. Con objeto de potenciar la cubrición de los huecos existentes entre los tallos principales, se cortan por detrás de las últimas dos yemas.

○○○◆◆◆□□

Lonicera sp.

Lonicera sp.

La madreselva es una trepadora leñosa cuyos tallos tienen capacidad para envolver y entrelazarse sobre cualquier estructura, tapizar superficies horizontales, e incluso ocultar espacios verticales con sus tallos colgantes. Existen varias especies que pueden presentar hojas perennes o caducas, de crecimiento siempre muy rápido e invasivo. Destaca su abundante y perfumada floración en colores que van desde el blanco hasta el rosa, pasando por diversas tonalidades de amarillo. Produce sus flores principalmente en primavera, aunque también puede florecer en otoño. La poda llega a ser necesaria varias veces al año, ya que los nuevos brotes alcanzan con facilidad hasta 2 m de longitud por temporada. Admite podas drásticas tras la floración, en las que es posible eliminar por completo los tallos anuales y cortar los leñosos hasta casi el pie de mata, ya que tiene una gran capacidad de regeneración.

○◆◆□□□

Passiflora sp.

Conocida con el nombre común de pasionaria, esta planta dispone de hojas perennes o semiperennes y zarcillos para sostener sus largos tallos. Las flores presentan una singular forma y colorido y, al ser fecundadas, ofrecen unos suculentos frutos comestibles de color anaranjado. Con el brote de primavera se puede podar para eliminar los tallos secos y despuntar los tallos principales mal dirigidos a fin de fomentar la ramificación. Tras la floración, conviene cortar por debajo de la segunda o tercera yema, con objeto de potenciar que florezca de nuevo en la siguiente temporada; hay que evitar en la medida de lo posible las podas drásticas, que provocan todo lo contrario.

○◆◆◆□□

Passiflora sp.

Vitis vinifera

La parra, de la cual tras su cultivo se extraen las uvas y se elabora el vino, también se utiliza como planta ornamental para la producción de sombra cuando en su ámbito de desarrollo existe una pérgola o cualquier tipo de estructura elevada y provista de guías, sobre las que poder fijar los zarcillos que producen sus tallos. En invierno se efectúa la poda, siempre antes de que la savia comience a ascender hasta las yemas. Esta especie admite podas drásticas con las que se regenera con fuerza y se originan nuevos brotes desde sus leñosos tallos, los cuales configuran la cepa, que puede estar formada prácticamente a ras de suelo o presentar largos troncos de varios metros de altura a modo de árbol aparasolado. Si se desea que los ejemplares cubran muros y fachadas, es preciso habilitar guías de alambre o celosías de madera o metal para que los zarcillos encuentren superficie útil de fijación.

○○○◆◆□

Wisteria sp.

La glicinia es una de las trepadoras leñosas más robustas, ya que sus tallos son capaces de doblar postes de madera o hierro, e incluso desplazar columnas de ladrillo o piedra. Su crecimiento está orientado a envolver en espiral las estructuras de sujeción, y llega a alcanzar cualquier altura y grandes distancias en horizontal, llenando de color lila con sus enormes racimos de flores cada nueva temporada, tanto en primavera como en otoño. La poda debe ser intensa, sólo tienen que quedar los tallos principales que conforman la estructura del ejemplar, para evitar que se produzca una invasión descontrolada; hay que procurar realizarla tras la floración otoñal, aunque también pueden recortarse los nuevos tallos durante el verano cuando su crecimiento y dirección no son los adecuados, dos o tres yemas por delante del punto de brote, estimulando así la producción de yemas florales.

○○○◆◆□□

Vitis vinifera

Wisteria sp.

Plantas arbustivas

En este grupo tienen cabida especies de muy diversa procedencia y morfología, desde grandes hierbas hasta frutales, pasando por arbustos ideales para la confección de setos y otros perfectos para cultivarlos de forma aislada, permitiendo su desarrollo para que alcancen portes naturales o trabajándolos con técnicas de poda para proporcionarles formas esculturales. La poda en cada uno de estos casos es muy diferente; influye también en la elección de la técnica de corte el carácter perenne o caduco, el momento de la floración o el tipo de desarrollo de sus tallos y hojas.

Bambusa sp.

Bambusa sp.

Aunque el bambú es la especie más representativa, existen muchas más a las que también pueden aplicarse las mismas técnicas de poda. Todo este grupo se caracteriza porque sus ejemplares ofrecen una floración escasamente ornamental, por lo que su atractivo principal es un denso follaje y verticales y rígidos tallos. Este grupo no requiere labores de poda convencionales, ya que apenas se producen ramificaciones laterales en los tallos principales, que por el contrario brotan profusamente desde los rizomas subterráneos que se extienden alrededor de cada mata. La poda que hay que realizar debe orientarse a la eliminación de los tallos secos, así como de los nuevos brotes que crezcan fuera de la superficie de cultivo habilitada; es recomendable practicar los cortes sobre los propios rizomas, ya que cada nudo es capaz de emitir nuevos brotes de forma continua.

○◆◆□□

Berberis sp.

Conocido como agracejo, este arbusto que agrupa especies mayoritariamente de hoja caduca dispone de tallos leñosos y espinosos, floración primaveral y abundante fructificación. Es muy útil en la formación de setos o en macizos compuestos por varios ejemplares. La poda es muy diferente en función del uso ornamental que se le dé, ya que admite varios cortes anuales para mantener formaciones geométricas en setos donde la densidad de ramas puede llegar a ser muy elevada, y sin embargo, si se cultiva en macizos, conviene realizar simples podas de aclareo a finales de otoño o en invierno, al igual que despuntes y eliminación de ramas secas durante todo el verano, siempre después de la floración. También es posible realizar podas drásticas al final del invierno, transcurridos al menos 5 años, cuando las matas alcanzan tallas desmesuradas, puesto que se regeneran de forma adecuada y en poco tiempo.

○○○◆◆□□

Berberis sp.

Buxus sp.

El boj es un arbusto perennifolio cuyo valor ornamental reside en las tupidas matas que forma, por lo que resulta muy adecuado para la confección de borduras, setos o incluso para obtener formas esculturales típicas del arte topiario. El denso ramaje y las pequeñas hojas ovaladas que cubren toda la planta, además de un lento crecimiento, permite mantener una forma definida en los perfiles y silueta de cada ejemplar con dos podas anuales, la principal tras el brote de primavera y una segunda al final del otoño. De este modo, es posible disfrutar de pequeñas borduras que no superen los 50 cm de altura y ejemplares que pueden llegar a medir hasta 2 m. Para lograr las primeras, conviene realizar podas intensas, procurando plantar los ejemplares profundamente, dejando incluso que las ramas más bajas lleguen a tocar el suelo (éstas tienen capacidad de emitir raíces), mientras que para los grandes ejemplares es preciso reducir las podas a ligeros pinzados encaminados a mantener la estructura, así como eliminar las ramas bajas para evitar que la base del arbusto toque el suelo.

○○◆◆◆□□

Buxus sp.

Camellia japonica

Camellia japonica

Esta especie es de hojas perennes y muy frondosas, con la singular particularidad de que florece al final del invierno, proporcionando numerosas y grandes flores de intenso color. Al acabar el verano comienzan a formarse las yemas florales sobre las ramas plenamente desarrolladas, por lo que no conviene realizar ningún tipo de poda hasta que termine la floración al principio de primavera. A continuación, y debido a su lento crecimiento, basta con pinzar los tallos mal dirigidos o que descompensen el porte del ejemplar, siempre antes de que comiencen a despuntar los nuevos brotes. No admite podas drásticas, y sólo cuando los ejemplares pierden densidad de follaje conviene realizar un pinzado más intenso, incluso antes de que se produzca la floración, para evitar el envejecimiento de la planta y potenciar la producción de hojas.

○○○♦♦□□

Cortaderia sp.

Cortaderia sp.

La hierba de la pampa presenta un porte herbáceo, aunque la mata es capaz de alcanzar desarrollos de hasta 2 m de altura. Para lograr un adecuado mantenimiento y una regeneración de la masa foliar, en primer lugar, y, en segundo término, de su estructura y su porte, es preciso realizar una sola poda anual intensa al final de la temporada, cuando comienzan a deshacerse las espigas florales y los últimos meses del año traen los primeros días fríos. Se trata de realizar una poda drástica, para eliminar el 90% de la masa foliar así como los pedúnculos florales, dejando una pequeña macolla de entre 30 y 50 cm, en función de la edad del ejemplar, que se regenerará por completo al inicio de la nueva temporada.

○○○♦♦□□

Cotoneaster sp.

En este género se incluyen especies de hoja perenne o caduca conocidas todas como cotoneaster. Mientras que algunas crecen de forma horizontal o rastrera, existen otras que pueden llegar a desarrollar portes de hasta 3 m. El rasgo que tienen en común es la producción de pequeñas hojas ovaladas y unos frutos tipo baya de intenso color rojo. Es recomendable podarlas al final del invierno o al principio de la primavera, antes de que se produzca el nuevo brote, aunque en las especies de gran desarrollo se pueden realizar labores de pinzado y recorte varias veces al año, teniendo en cuenta que se reduce de este modo la producción de flores y por tanto también de frutos, su característica más ornamental. Admite todo tipo de podas, incluso las drásticas, encaminadas a regenerar por completo toda la estructura aérea.

Cotoneaster sp.

○○○♦♦♦□□

Hibiscus sp.

Hibiscus sp.

El hibisco es un arbusto cuyo rasgo más apreciado son sus grandes y originales flores. Este grupo engloba especies para todos los gustos, desde arbustos perennes hasta caducos, pasando por otras de carácter herbáceo e incluso algunas que desarrollan portes arbóreos. Debido a que la floración se produce en los brotes del primer año, la poda ha de realizarse tras este proceso, para retirar todas las partes secas como frutos y ramas muertas, aunque también es posible esperar a la primavera con el fin de seleccionar las yemas de crecimiento más vigorosas. Como medida recomendable, conviene reducir las ramas un tercio de su longitud y eliminar los tallos que tienen tendencia a entrecruzarse creando una estructura enmarañada.

○○○◆◆◆□□

Hydrangea sp.

Existen varias especies de hortensia aunque la más apreciada es *Hydrangea macrophylla,* de carácter caduco y caracterizada por ofrecer unas inflorescencias de gran tamaño y llamativo color, que pueden disfrutarse desde el final de la primavera hasta el otoño. La poda de esta planta es un poco particular, debido a que la floración se ve potenciada cuando se poda justo por encima de las primeras yemas importantes situadas por debajo del ápice. Hay que tener en cuenta que sólo florecen los tallos de segundo año y que éstos deben seleccionarse, ya que algunos se secan el primer invierno o carecen del vigor suficiente. El momento más adecuado para realizar la poda es al final del otoño, cuando se pierden las hojas, especialmente para trabajar sobre los brotes de primer año, aunque también pueden realizarse los cortes tras la floración en los tallos más viejos.

○○○◆◆◆□□

Hydrangea sp.

Ilex aquifolium

Conocido con el nombre común de acebo, se trata de una planta muy apreciada por su enorme valor ornamental, ya que dispone de un lustroso follaje perenne de intenso color verde o con matices variegados, cuyo margen está provisto de numerosas espinas. Las flores son poco vistosas, y las masculinas y las femeninas aparecen separadas en diferentes ejemplares. Cuando estas últimas quedan fecundadas, producen unos frutos tipo baya, de un característico color rojo. Gracias a su lento crecimiento la poda no resulta determinante en su desarrollo, salvo cuando se tiene intención de crear formas especiales en la copa o siluetas geométricas cónicas o esféricas, sencillas de conseguir gracias a la capacidad de rebrote de cualquier punto donde se practique el corte; incluso se pueden emplear para confeccionar setos. Conviene practicar los cortes tras disfrutar de la fructificación al final del invierno.

○○○◆◆◆□□

Juniperus sp.

Los enebros y juníperos son coníferas de porte arbustivo, aunque algunos ejemplares llegan a alcanzar grandes tallas erguidas. Presentan hojas aciculares o escamosas perennes, y las variedades seleccionadas ofrecen tonalidades desde azuladas hasta doradas en sus hojas; ni las flores ni los frutos destacan por su carácter ornamental. La poda debe realizarse pinzando y entresacando algunas ramas y brotes de las compactas y tupidas formaciones arbustivas para controlar su desarrollo, pero sin reducir el carácter natural de su porte y silueta, especialmente en el caso de aquellas que crecen erguidas cuando el hábito es rastrero, o en el de las direccionadas en horizontal cuando el crecimiento es vertical.

○○○◆◆◆□□

Ilex aquifolium

Juniperus sp.

Laurus nobilis

Lavandula sp.

Laurus nobilis

Este árbol de carácter perenne, conocido como laurel, resulta muy apreciado por su valor culinario y medicinal. Dispone de hojas ovaladas de aspecto coriáceo, teñidas de un intenso color verde. Se trata de una planta que admite podas drásticas para controlar su desarrollo cuando llega a alcanzar tallas desmesuradas, así como podas de formación y pinzados reiterados con la intención de conseguir siluetas y perfiles geométricos, tanto en ejemplares aislados como en la formación de setos. Cualquier momento del año es apropiado para practicar los cortes, aunque la mejor época coincide con el final del verano o el principio de la primavera, para que el follaje se recupere rápidamente tras el corte.

○○◆□□

Lavandula sp.

El espliego o la lavanda son plantas aromáticas que alcanzan un tamaño medio y forman matas más o menos redondeadas compuestas por cortos tallos leñosos, de los que surgen numerosos brotes nuevos llenos por completo de pequeñas hojas perennes, de forma linear y plateadas por el tomento blanquecino que las recubre. En el momento de la floración la mata queda envuelta por multitud de pedúnculos, acabados en una inflorescencia de color azul y de agradable aroma. Al finalizar el verano, cuando se pierda la floración, se recomienda realizar la poda, que debe ser intensa a partir del tercer año de crecimiento tras la plantación y reducir el ejemplar a un tercio de su tamaño para evitar que envejezca prematuramente.

○○○◆◆◆□□

Ligustrum sp.

Ligustrum sp.

Dentro del grupo de los aligustres existen especies de hojas perennes y caducas, siempre ovaladas y provistas de un lustroso color verde. Pueden formar masas arbustivas para seto o ejemplares arbóreos provistos de una copa voluminosa y más o menos tupida. Cuando florece proporciona una agradable fragancia, y en el momento en que se fecundan las inflorescencias, en forma de racimo erguido, se cubre por completo de pequeños frutos carnosos. La poda puede realizarse al final del verano o al principio del otoño, tras el marchitamiento de las flores y antes de la fructificación, aunque en las formaciones de seto también puede repetirse la operación en primavera, tras el despunte del primer brote.

○◆□□□

Nerium sp.

La adelfa es un arbusto de hojas perennes adaptado perfectamente a los ambientes cálidos y secos, muy apreciado por la abundante floración que proporcionan sus tallos durante todo el verano. Puede emplearse para formar setos o como ejemplar aislado en cultivos sobre maceta, o directamente en el suelo del jardín. Si no se practican técnicas de poda, tiende a desarrollarse creando grandes masas muy ramificadas desde la base, aunque admite ser modelada con facilidad para crear setos bien perfilados, ejemplares de copa o formaciones más o menos redondeadas y voluminosas. Los cortes para controlar su crecimiento pueden practicarse desde la primavera hasta el otoño, ya que muestra una gran capacidad de regeneración, teniendo en cuenta que al final del verano es importante efectuar una poda obligatoria para eliminar los tallos provistos de flores y frutos, así como las ramas mal dirigidas o excesivamente largas

○○○◆◆◆□□

Nerium sp.

Philadelphus sp.

Philadelphus sp.

Conocido con el nombre común de celindo, la principal característica ornamental de este arbusto de tallo leñoso es proporcionar numerosas flores blancas y olorosas durante la primavera, sobre los tallos desarrollados el año anterior. Las hojas son caducas, ovaladas y pueden alcanzar gran tamaño —alguna variedad es muy apreciada precisamente por esa circunstancia—. Las labores de poda se realizan tras la floración y consisten en eliminar primero los tallos cargados de flores marchitas, aunque también conviene cortar las ramas más viejas, las mal dirigidas y las que alcanzan longitudes desmesuradas en relación con el conjunto del ejemplar. Lo importante es mantener la estructura del arbusto y, al mismo tiempo, propiciar la renovación de sus ramas.

○○○◆◆□□

Photinia sp.

Estamos ante una especie que puede alcanzar grandes tallas como arbusto ornamental, conocida vulgarmente como fotinia. Dispone de lustrosas y llamativas hojas ovalolanceoladas, perennes y con un característico color rojo anaranjado, que se mantiene en los nuevos brotes durante algunas semanas, tanto al principio de la primavera como en otoño. La floración, estival, ofrece inflorescencias de color blanco también muy apreciadas. Las labores de poda consisten en dirigir el desarrollo de la planta, eliminando las ramas que descompensan la estructura general del ejemplar, y en

Photinia sp.

reducir su crecimiento para evitar la formación de arbustos poco tupidos en follaje y demasiado desgarbados. El momento más propicio para realizar los cortes es tras la floración y antes de que se produzca el brote de otoño.

○○○◆◆□□

Picea sp.

Son peculiares y muy diferentes las especies ornamentales que se incluyen en este género, desde árboles con porte de gran abeto piramidal, hasta pequeños arbustos densos y de perfiles muy definidos. Las hojas son aciculares y perennes, y destacan las variedades glaucas por la tonalidad azulada que adquieren. La poda puede resultar imprescindible, como sucede en *Picea albertiana* var. *glauca conica*, que admite dos podas al año para perfilar su perfecto contorno cónico, o no ser necesaria como ocurre en *Picea pungens* var. *glauca globosa*, de desarrollo muy lento y forma compacta. El momento más oportuno para realizar los cortes es el final del invierno.

○○◆□□

Rhododendron sp.

Es innumerable la cantidad de especies y variedades que se pueden cultivar de rododendros y azaleas. Son arbustos de hoja perenne, intenso color verde y abundante y llamativa floración en invierno y primavera, que admiten el cultivo tanto en exteriores como en interiores, sobre el suelo o en maceta, e incluso son aptos para convertir los ejemplares en llamativos bonsáis. La poda se realiza tras la floración: se eliminan las puntas de los tallos cargados de flores marchitas y las ramas secas o mal dirigidas, y se practican cortes para conseguir formas tupidas. Son arbustos que también admiten podas intensas encaminadas a mantener perfiles redondeados con aspecto de almohadilla.

○○○◆◆□□

Picea sp.

Rhododendron sp.

Fichas de plantas

Rosa sp.

Syringa sp.

Rosa sp.

Los rosales conforman uno de los grupos más variopintos y apreciados dentro del mundo de la jardinería. La obsesión por encontrar o producir nuevas variedades de rosas, en las que destaque el colorido o la forma de los pétalos, en ejemplares que pueden ser de hábito trepador, con formaciones en copa, llorones o simplemente que dispongan de un aspecto de arbusto convencional, da una idea de la diversidad de labores de mantenimiento que precisan, en especial las de poda. En general no pueden faltar labores de poda en primavera y verano, encaminadas a eliminar las flores marchitas y los chupones o brotes en la base del tallo, y los que surgen por debajo de los puntos de injerto, y las podas regenerativas de invierno. Siempre ha de buscarse una yema vigorosa sobre la que practicar el corte, para favorecer nuevas direcciones de crecimiento y la regeneración de los tallos florales.

○○○◆◆□□

Syringa sp.

El lilo es un arbusto de hoja caduca muy valorado por el intenso color y aroma que proporcionan sus racimos de flores. De tallos leñosos, se trata de una planta que no requiere apenas cuidados en lo que respecta a las labores de poda. Basta con eliminar las inflorescencias marchitas y secas al final de la primavera, y realizar cortes de regeneración en los tallos más largos con el fin de producir una abundante y robusta ramificación. Con el tiempo conviene renovar los tallos muy envejecidos. Asimismo, se recomienda eliminar de manera periódica las ramas poco vigorosas y los chupones próximos a la base de los tallos.

○○○◆◆□□

Taxus baccata

Taxus baccata

Esta conífera es muy apreciada por el valor ornamental de su morfología. Conocido vulgarmente con el nombre de tejo, este árbol de gran porte posee hojas perennes, lineares y de un intenso color verde oscuro, con tallos robustos capaces de producir nuevos brotes con facilidad después de una poda drástica. Por esta razón, cuando aún conservan formaciones arbustivas, se pueden moldear con las tijeras para que adquieran forma piramidal, esférica, cónica, etcétera; en este caso conviene realizar los cortes al final del invierno y al final del verano, justo antes del periodo de brote, e incluso despuntar alguna rama de excesivo crecimiento el resto del año.

○○◆□□

Viburnum sp.

El nombre común varía en función de la especie de la que se trate, aunque los más conocidos son *Viburnum tinus* (durillo) y *Viburnum opulus* (bola de nieve). El primero es de hoja perenne y doble floración, en primavera y otoño, mientras que el segundo es de hoja caduca y floración estival. Existen otras especies y variedades que además de la floración también ofrecen llamativos tonos otoñales en sus hojas. Las podas en el caso de las especies de hoja perenne pueden ser drásticas, estar encaminadas a la formación de setos o simplemente tener como objetivo el mantenimiento de la estructura con algún despunte y retirada de ramas secas. En las especies de hoja caduca la poda de los tallos florales, tras su marchitamiento, y la poda regenerativa de las ramas más viejas resulta imprescindible.

○◆□□

Viburnum sp.

ÁRBOLES

Los imponentes ejemplares leñosos se incluyen en este importante grupo de vegetales, donde las grandes tallas y el enorme volumen que puede llegar a alcanzar el follaje los convierte en los elementos más relevantes dentro del jardín. Para lograr mantenerlos con éxito, las labores de poda deben ser cuidadosas y respetuosas con el tipo de desarrollo y la morfología de cada especie, y se debe evitar en todo momento practicar cortes inadecuados o mal ejecutados, que podrían provocar daños irreversibles en las ramas e incluso en el propio tronco.

Abies sp.

Acacia dealbata

Acer sp.

Abies sp.

A este género pertenecen un buen número de especies de abeto que tienen como rasgos comunes hojas lineares y perennes, y un porte cónico característico. Para mantener su desarrollo de forma equilibrada, es importante no tener que recurrir a podas excepcionales, habituales cuando no se ha previsto la talla que son capaces de alcanzar con el transcurso de los años. Cuando se realiza su plantación no deberían existir obstáculos en un radio mínimo de 4 m ni a menos de 20 m de altura, pues de este modo las labores de poda quedarán reducidas a la eliminación de las ramas internas secundarias que van secándose por falta de luz y que van formando verdaderas marañas a medida que las primarias adquieren mayor longitud.

○○○◆◆□□

Acacia dealbata

La mimosa es un gran árbol de carácter perenne y hojas compuestas, cuyo rasgo más característico es su abundante floración de color amarillo, que coincide con el inicio de la primavera. Debido a su rápido crecimiento —las ramas del año pueden llegar a sobrepasar en una sola temporada los 2 m de longitud—, la poda de estructura resulta fundamental, con la finalidad de evitar que el peso llegue a producir roturas en ramas y desgarros en el tronco. El momento más propicio para realizarla es tras la floración, a pesar de que también admite cortes durante este proceso —se pueden aprovechar las ramas floridas como elemento decorativo y aromático para el interior de la vivienda—. También conviene practicar en cualquier época del año cortes esporádicos para eliminar ramas secas, chupones o ramas bajas.

○○○◆◆□□

Acer sp.

El amplio y variado grupo de los arces, todos ellos con hojas caducas, ofrece un extenso elenco de ejemplares de porte tanto arbóreo como arbustivo, con un desarrollo relativamente rápido y abundante en ramificación, que obliga al cultivador a realizar podas anuales. En la mayoría de los casos estas tareas están encaminadas a eliminar ramas mal dirigidas, entrecruzadas y de escaso vigor, con la intención de crear una estructura equilibrada de copa, provista de ramas principales sanas y cargadas de vitalidad. Las labores de poda tienen que efectuarse al final del otoño o a lo largo de todo el invierno, es decir, después de la caída de las hojas a finales de verano.

○○○◆□□

Aesculus hippocastanum

Su nombre común es castaño de Indias. Posiblemente es uno de los árboles de sombra más apreciados, ya que además de proporcionar frescor con su tupida copa en los calurosos días de verano, destaca por sus valiosos rasgos ornamentales, como la forma de sus hojas, su floración y el esqueleto de ramas que queda en la copa tras la caída otoñal de las hojas. Las labores de poda son escasas debido a su lento y ordenado crecimiento, aunque se requieren algunos cortes para controlar la presencia de ramas mal dirigidas o que descompensen la estructura del ejemplar; hay que procurar siempre practicarlos en ramas del primer y segundo año.

○○○◆◆□□

Aesculus hippocastanum

Arbutus unedo

Arbutus unedo

El madroño, un emblemático y apreciado arbusto que con el tiempo adquiere el porte de gran árbol, además de resultar muy vistoso gracias a sus lustrosas hojas perennes y su escultural crecimiento, produce unos jugosos frutos comestibles de llamativo color rojo anaranjado. La poda suele emplearse para contener su desarrollo, tanto en anchura como en longitud; admite un régimen de cortes muy intenso, sin que por ello se resienta el ejemplar ni se propicie la aparición de enfermedades. De forma natural tiende a brotar desde la base, por lo que es habitual encontrar ejemplares de gran porte compuestos por varios troncos principales, lo que obliga a recurrir a podas anuales si se pretende conseguir formaciones en copa.

○○○◆◆□□

Catalpa sp.

Este árbol caducifolio, cuyo nombre común es igual al latino, está provisto de enormes hojas ovaladas. Forma copas muy tupidas que destacan por un desarrollo de ramas desgarbado y poco equilibrado, que requieren labores de poda reiteradas cada uno o dos años para conseguir que la distribución de las principales ramificaciones ofrezca un porte más atractivo. El momento más recomendable para practicar los cortes, como en la mayor parte de los árboles caducos, es precisamente después de que se hayan perdido todas las hojas. Tras la llamativa floración y una vez que hayan madurado los frutos, puede realizarse una poda de limpieza para retirar sus grandes vainas.

○○○◆◆□□

Catalpa sp.

Cedrus sp.

Los cedros son coníferas de gran porte piramidal y aspecto ligero, muy estrechamente relacionadas con los territorios del entorno de la cuenca del mar Mediterráneo. Disponen de hojas aciculares que se agrupan en pequeños penachos a lo largo de los extremos de las ramas, donde llega la luz, y en el interior de las copas, cerca del tronco, las pequeñas ramillas que van secándose se acumulan, lo que desluce un tanto su aspecto general. Estas zonas interiores son las que deben trabajarse en las labores de poda, saneando y retirando todas las partes secas, mientras que en la base es suficiente con eliminar las ramas bajas que puedan obstaculizar el paso o impedir la entrada de luz a la superficie del jardín cuando los ejemplares son más longevos.

○○○◆◆◆□□

Cedrus sp.

Cercis siliquastrum

Cercis siliquastrum

Recibe el nombre vulgar de árbol del amor debido a la peculiar forma acorazonada de sus hojas y a la romántica floración primaveral que ofrece en parques y jardines. Tiene carácter caduco y un crecimiento reducido, en cierta medida. Ofrece copas más o menos esféricas, aunque desarrolladas sobre troncos con tendencia a no mantenerse verticales. Los cortes necesarios para realizar la poda pueden practicarse durante todo el año, aunque es preferible que la savia se encuentre en la parte aérea para facilitar la rápida cicatrización; hay que eliminar primero las ramas secas y, en segundo lugar, las ramas de primer año, para evitar así la aparición de podredumbres que pueden llegar a dañar con relativa facilidad incluso hasta el tronco.

○○○◆◆◆□□

FICHAS DE PLANTAS 89

Chamaerops humilis

Chamaerops humilis

El palmito es una especie de palmera de hábito arbustivo, pero que puede llegar a formar ejemplares de pequeño porte con la típica formación de tronco y penacho apical. Cuando se dispone de ejemplares jóvenes, como labor de poda basta con eliminar las hojas que cada nueva temporada van secándose en la base de los penachos que conforman cada mata. A medida que van alcanzando mayor edad y comienzan a diferenciarse los troncos principales, conviene despejar la base de cada mata, perfilar los troncos y continuar con la retirada de las hojas marchitas y racimos de frutos que se acumulan en la parte inferior de los penachos. Es suficiente con realizar esta operación una vez al año, al mismo tiempo que el despunte de los nuevos brotes del ápice.

○○○◆◆◆□□

Citrus sp.

Éste es el género principal del grupo de los cítricos, en el que se incluyen, por ejemplo, naranjos y limoneros, especies de carácter perenne y aromática floración, adaptados a los climas cálidos sin heladas. Si existen estaciones en las que la temperatura baja de los 13 °C, la poda debe realizarse durante la primavera, momento en que los ejemplares son pequeños y hay que proporcionarles una formación estructural, y se debe esperar a que maduren los frutos

Citrus sp.

cuando hayan alcanzado el estado adulto. En el primer caso, la copa se forma a poca altura, creando una cruceta con tres o cuatro brazos principales a no más de 1,5 m desde el suelo. Sobre ellos hay que dejar que crezcan otras tres o cuatro ramas secundarias por cada primaria, para formar la estructura principal. En ejemplares adultos conviene eliminar las ramas terciarias que crezcan hacia el interior o estén entrecruzadas unas con otras, así como despuntar las terciarias principales para ir conteniendo su crecimiento.

○○○◆□

Ficus carica

Ficus carica

De climas templados, la higuera es un árbol frutal de gran resistencia y vigor. Dispone de hojas caducas, grandes y lustrosas, y un delicioso fruto, el higo. Como peculiaridad más llamativa cabe destacar el látex blanco que mana en abundancia cuando se secciona una de sus ramas o, simplemente, al cortar una de sus hojas. Para la formación de los ejemplares hay que tener en cuenta que suelen cultivarse creando copas sobre tallos muy bajos, que se dividen en varias ramas principales casi desde la base, lo cual le confiere un aspecto arbustivo característico durante los primeros años de desarrollo. Cada año es necesario eliminar la gran cantidad de retoños que brotan desde la raíz y, progresivamente, retirar las ramas secundarias dirigidas hacia el centro de la copa, las poco vigorosas y aquellas que descompensan la estructura por su desmesurada longitud. La primavera es el momento más propicio para la poda, que se ha de complementar con labores de limpieza en verano.

○○○◆◆□□

Lagerstroemia indica

El árbol de Júpiter proporciona ejemplares de desarrollo moderado ya sea en formaciones de varios troncos o en copa con un único fuste. Es una especie de hoja caduca que da una abundante y llamativa floración en verano. Con la llegada del otoño y la caída de las hojas, debe realizarse la poda eliminando principalmente todas las ramas florales cargadas de frutos durante los primeros años de desarrollo; hay que recurrir a podas intensas que sólo dejen para primavera las ramas principales bifurcadas con tramos de entre 30 y 50 cm. Esta práctica favorece que se produzcan brotes vigorosos y abundantes flores.

○○○◆◆□□

Lagerstroemia indica

Magnolia sp.

Magnolia sp.

Tan variado es este género, que es posible encontrar especies tanto de hoja caduca como perennes, lo que ejemplifica la diversidad de formas y gran variedad de requerimientos que pueden encontrarse en su cultivo. Para las perennifolias la primavera es el momento propicio para realizar la poda, ya que en esta época es posible detectar la presencia de los nuevos brotes, justo por encima de los cuales hay que practicar los cortes. En el caso de las especies caducas conviene efectuarlos al final del verano, pues a partir de ese momento se desarrollan las yemas florales, que despuntarán con anterioridad a las hojas.

○○○◆◆□□

Malus sp.

Los manzanos, tanto las especies y variedades frutales como las ornamentales, son caducos y se caracterizan por la viva tonalidad de sus flores. Las podas en uno y otro caso ofrecen diferencias en el método, aunque no en la época en que deben llevarse a cabo, ya que siempre debe ser durante el otoño o a lo sumo a principios del invierno. En lo que respecta al tipo de poda, en los frutales se debe intentar formar una copa a baja altura, con ramas principales tan abiertas como sea posible, y evitar que sean excesivamente largas. En los ejemplares ornamentales se pueden crear copas más elevadas y cerradas, formadas por un buen número de ramas para que la producción de flores sea elevada.

○○○◆□

Morus sp.

Las moreras, a pesar de no ser árboles frutales en sentido estricto, han aportado, además de una buena sombra, alimento al hombre con sus frutos y a los gusanos productores de seda. En el jardín proporcionan ejemplares caducos de gran porte, con un rápido desarrollo en sus ramas que casi obliga a realizar podas anuales en forma de cabeza de gato, de modo que sólo queda una estructura compuesta por tres o cuatro brazos principales con una segunda ramificación con dos o tres ramas secundarias. A partir de los callos que adquieren mayor volumen año tras año surgirán las nuevas ramas, que tendrán capacidad suficiente para regenerar una copa plenamente desarrollada.

○○○◆◆□□

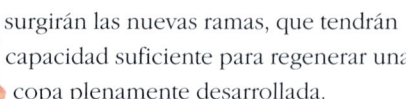

Morus sp.

Olea europaea

Los centenarios olivos son plantas perennes estrechamente relacionadas con las regiones de clima mediterráneo, que se caracterizan por presentar un grueso y corto tronco sobre el que se desarrolla una voluminosa copa a partir de dos o tres brazos principales, también de gran grosor. En estas partes conviene no dejar que broten pequeñas ramas con hojas, lo que obliga al cultivador a realizar una limpieza continua durante la primavera y el verano. Las ramas secundarias se podan al final del invierno, momento en el que hay que eliminar las que sean poco vigorosas y estén mal dirigidas con la intención de confeccionar una copa abierta y compensada.

○○○◆◆◆□□

Malus sp.

Olea europaea

Pinus sp.

Pinus sp.

Son numerosas las especies de pino que pueden cultivarse, pero es preciso elegir la más adecuada en función del clima y el tipo de suelo de la región. Todas disponen de hojas aciculares y perennes, la mayoría adaptadas a climas rigurosos, especialmente los secos con importantes diferencias de temperatura entre estaciones. La silueta de estas plantas suele ofrecer copas muy altas y voluminosas en ejemplares adultos, en los que las labores de poda, como la eliminación progresiva de los anillos de las ramas más bajas y la limpieza periódica de las ramillas más débiles que van secándose en el interior de la copa, resultan imprescindibles.

○○○◆◆□□□

Platanus sp.

Este árbol de sombra ornamental y caduco, conocido con el nombre vulgar de plátano, alcanza grandes tallas en relativamente poco tiempo. Por esta razón, es preciso prestar mucha atención a la hora de elegir el lugar de plantación, ya que es fácil disponer de ejemplares de enormes dimensiones en periodos de tiempo no superiores a 15 años, y puede ser necesario podar por encima de los 10 m de altura. Las labores de corte se realizan en otoño e invierno. En parcelas convencionales es recomendable practicar podas en forma de cabeza de gato, en formaciones aparasoladas o en punta de flecha sobre las que se eliminen cada temporada todos los brotes del año.

Platanus sp.

○○○◆◆□□□

Populus sp.

El chopo o álamo blanco es un árbol típico de ribera, caduco y de crecimiento rápido, que resulta muy apreciado por las tonalidades plateadas de su corteza y sus hojas, aunque existen especies con tonos más pardos y verdosos. En poco tiempo es posible disponer de ejemplares de gran porte, a los que no les suele beneficiar las labores de poda, ya que se producen podredumbres con facilidad. En cualquier caso, hay que realizar los cortes en otoño o invierno, procurando tocar sólo las ramas jóvenes mal dirigidas y las existentes a baja altura; además es recomendable el empleo de pasta cicatrizante en todos los casos.

○○○◆□□

Prunus sp.

Este género incluye una larga lista de especies muy apreciadas, desde el punto de vista tanto ornamental como frutal. En el grupo encontramos algunas tan conocidas como el almendro, el cerezo, el ciruelo, el melocotonero, el albaricoquero, etcétera, especies de las que existen innumerables variedades, sobre todo en el grupo de los cerezos. Todas ellas disponen de hojas caducas y una llamativa floración; además se cultivan en

Populus sp.

formaciones de copa, ya sea empleando ejemplares convencionales o injertados. Con el despunte de las nuevas yemas o justo después de la floración y durante el verano, se llevan a cabo los trabajos de poda en los ejemplares ornamentales con la finalidad de dirigir el crecimiento de las ramas secundarias, eliminar chupones y retirar ramas secas, poco vigorosas o mal orientadas.

○○○◆□

Prunus sp.

Punica granatum

Pyrus sp.

Punica granatum

El granado es otro árbol típicamente mediterráneo, muy apreciado por su carácter ornamental, pero cultivado también por sus peculiares frutos, las granadas. Cuando es joven tiene un desarrollo arbustivo en el que coexisten varios troncos principales, pero los ejemplares adultos, aunque están provistos de troncos cortos y gruesos, ramificados casi desde la base, presentan formaciones en copa, donde el profuso desarrollo de ramas suele proporcionar un aspecto enmarañado. No es estrictamente caduco, por lo que es recomendable realizar la poda tras la maduración de los frutos. Hay que eliminar todas las pequeñas ramas para dejar sólo las principales, aunque siempre resulta necesario practicar algún corte durante la primavera y el verano, para suprimir las ramas secas o las que crezcan en direcciones inapropiadas.

○○○◆◆◆□□

Pyrus sp.

Estamos ante otro de los frutales habituales, el peral, de intensa y llamativa floración tanto en los ejemplares cultivados para producir como en las especies ornamentales. Es de hoja caduca y de crecimiento moderado; existen algunas variedades con un desarrollo marcadamente vertical, que apenas reclama labores de poda. Las formaciones en copa abierta, espaldera o en abanico son las más habituales; en cualquier caso requiere técnicas de formación continuadas durante varios años, que siempre se han de realizar en invierno. Los despuntes y la eliminación de ramas secas o poco vigorosas también se efectúan durante todo el periodo vegetativo.

○○○◆□

Quercus sp.

Éste es el grupo de los robles y las encinas, árboles de gran resistencia y robustez, entre los que se incluyen ejemplares de hoja perenne, caduca y marcescente —en este último caso, las hojas secas se conservan en el árbol hasta que se produce el brote de las nuevas en primavera—. Las estaciones de otoño e invierno son las más apropiadas para realizar las labores de poda, que en casi todos los casos se reducirán a trabajos de limpieza de las ramas secas, así como a la corrección de la dirección de crecimiento de las ramas mal orientadas, ya que este tipo de árboles ofrece todo su potencial ornamental cuando desarrolla una copa con un aspecto natural y poco modificada por las tijeras. Tan sólo *Quercus ilex* (encina), especie perenne que posee una gran capacidad de regeneración, admite las formaciones en copa, cilindro o cono.

○○○◆□□□

Quercus sp.

Salix sp.

Salix sp.

Especies más o menos arbustivas y también grandes ejemplares de ribera se agrupan en el género de los sauces. Estas plantas son de hoja caduca, rápido crecimiento y altos requerimientos hídricos. Forman siluetas sinuosas con sus troncos inclinados y en ocasiones ramificados desde la base, en los que el peso de las ramas, al final, siempre llega a producir curvaturas, que en algunos casos tienen como consecuencia que los extremos de los nuevos brotes toquen el suelo. La poda se realiza a partir de la caída de las hojas, cuando las ramas quedan desnudas; puede elegirse cuál de ellas cortar entre la densa maraña que suele producirse, aunque es importante aligerar el peso de la copa al tiempo que se sanea la trama de ramas entrecruzadas.

○○○◆□□

Tilia sp.

Conocido comúnmente como tilo, este típico árbol caduco de sombra, de singular floración y gran desarrollo, forma ejemplares de copa con fustes rectos y robustos, en los que puede crearse una estructura de ramas armónica y fácil de mantener. La poda debe realizarse en otoño o invierno, y ha de estar enfocada a moldear las ramas principales con el fin de que sirvan de firme esqueleto a la densa copa. Las formaciones en punta de flecha o en espaldera son habituales en este género, por lo que se debe procurar realizar podas periódicas cada uno o dos años con el fin de no tener que practicar cortes en ramas de cierto grosor.

○○○◆◆□□□

Washingtonia sp.

Esta palmera, conocida como palmera de abanico, se caracteriza por la longitud que llegan a alcanzar las ramas de los ejemplares, que poseen estilizados troncos que acaban en un penacho de hojas ligero y elegante. Las labores de poda se limitan a la eliminación de las hojas, aunque pueden llevarse a cabo de dos formas distintas: se puede dejar todo el tronco libre y eliminar las hojas a medida que se marchitan, se estropean o simplemente se arquean hasta tocar el tronco, o bien se conserva una franja de hojas secas, a modo de faldón, bajo el penacho de hojas verdes, y se mantiene limpio el resto del tronco. Debido a que su crecimiento es continuo, en cualquier momento del año se pueden realizar estas podas de mantenimiento, aunque lo más habitual es llevarlas a cabo tras el brote de primavera y a lo largo del verano.

○○○◆◆□□

Tilia sp.

Washingtonia sp.

ÍNDICE DE ESPECIES

A
Abelia sp. (Abelia) 30
Abies sp. (Abeto) 62, 72, 87
Acacia dealbata (Mimosa) 87
Acer sp. (Arce) 60, 87
Actinidia deliciosa (Kiwi) 24
Aesculus hippocastanum (Castaño de Indias) 59, 87
Aloe arborescens (Aloe) 67
Arbutus unedo (Madroño) 60, 61, 62, 88

B
Bambusa sp. (Bambú) 81
Begonia sp. (Begonia) 22
Berberis auricoma (Agracejo) 76
Berberis sp. (Agracejo, Berberis) 81
Bougainvillea sp. (Buganvilla) 47, 79
Buddleia sp. (Budleya) 31, 69
Buxus sempervirens (Boj) 35
Buxus sp. (Boj) 18, 19, 76, 81

C
Camellia japonica (Camelia) 82
Camellia sp. (Camelia) 29
Campsis sp. (Campsis, Bignonia) 79
Catalpa sp. (Catalpa) 59, 88
Cedrus sp. (Cedro) 60, 72, 88
Ceanothus sp. (Ceanotus) 30
Ceratonia siliqua (Algarrobo) 61
Cercis siliquastrum (Árbol del amor) 88
Chaenomeles japonica (Membrillero japonés) 49
Chamaecyparis lawsoniana (Ciprés de Lawson, Falso ciprés) 35, 44
Chamaecyparis sp. (Ciprés menor) 74
Chamaerops humilis (Palmito) 89
Chrysanthemum sp. (Crisantemo) 22
Citrus sp. (Naranjo, Limonero) 24, 89
Cortaderia sp. (Hierba de la pampa) 23, 66, 82
Corylus avellana (Avellano) 24
Cotoneaster sp. (Cotoneaster) 82
Crataegus sp. (Majuelo) 60
Cupressocyparis leylandii (Ciprés de Leyland) 35, 73
Cupressus arizonica var. *conica* (Ciprés de Arizona) 35
Cupressus sempervirens var. *totem* (Ciprés) 35
Cupressus sp. (Ciprés, Arizónica) 61, 73, 74

D
Dracaena sp. (Drácena) 61

E
Eucalyptus sp. (Eucalipto) 60
Euonymus sp. (Evónimo) 76
Euphorbia milii (Espina de Cristo) 67

F
Fagus sylvatica (Haya) 76
Festuca sp. (Festuca) 23
Ficus carica (Higuera) 24, 48, 89
Forsythia sp. (Forsitia) 29, 69, 71
Fraxinus sp. (Fresno) 62
Fuchsia sp. (Pendientes de la reina) 22

H
Hedera helix (Hiedra) 41, 47
Hedera sp. (Hiedra) 79
Hibiscus sp. (Hibisco) 29, 71, 83
Hydrangea macrophylla (Hortensia) 28, 83
Hydrangea sp. (Hortensia) 31, 83

I
Ilex aquifolium (Acebo) 83
Ilex sp. (Acebo) 62
Iris sp. (Lirio) 23

J
Jasminum nudiflorum (Jazmín de invierno) 33, 79
Jasminum officinale (Jazmín de olor) 79
Jasminum sp. (Jazmín) 79
Juniperus communis (Enebro) 74
Juniperus sabina (Junípero) 44
Juniperus sp. (Junípero, Enebro) 62, 75, 83

L

Lagerstroemia indica (Árbol de Júpiter) 31, 60, 69, 70, 89
Larix decidua (Pino laricio) 74
Laurus nobilis (Laurel) 35, 76, 84
Laurus sp. (Laurel) 62, 65
Lavandula sp. (Lavanda, Espliego) 66, 84
Ligustrum delavayanum (Aligustre) 35
Ligustrum japonicum (Aligustre japonés) 62, 76
Ligustrum sp. (Aligustre) 18, 69, 84
Ligustrum vulgare (Aligustre) 76
Lonicera nitida (Madreselva, Lonicera) 35
Lonicera sp. (Madreselva) 18, 80

M

Magnolia grandiflora (Magnolio) 61, 62
Magnolia sp. (Magnolio) 90
Malus sp. (Manzano) 24, 25, 26, 49, 59, 90
Mirabilis jalapa (Dondiego de noche) 23
Morus sp. (Morera) 59, 90

N

Nerium sp. (Adelfa) 28, 84

O

Olea europaea (Olivo) 61, 90
Opuntia sp. (Chumbera, Opuntia) 67

P

Passiflora sp. (Pasionaria) 80
Pelargonium sp. (Geranio) 22
Philadelphus sp. (Celindo) 69, 85
Photinia sp. (Fotinia) 85
Picea albertiana var. *glauca conica* (Pícea) 85
Picea glauca (Pícea glauca) 44
Picea glauca var. *conica* (Pícea) 35
Picea pungens var. *glauca globosa* (Pícea) 85
Picea sp. (Pícea) 85
Pinus sp. (Pino) 60, 62, 73, 91
Platanus sp. (Plátano) 58, 59, 91
Populus sp. (Chopo, Álamo blanco) 91
Prunus avium (Cerezo) 24, 27
Prunus laurocerasus (Lauro) 76
Prunus persica (Melocotonero) 24
Prunus sp. (Cerezo, Cerezo ornamental, Almendro, Melocotonero) 59, 60, 68, 69, 71, 91

Prunus spinosa (Endrino) 24
Punica granatum (Granado) 48, 61, 92
Pyracantha coccinea (Espino de fuego) 31
Pyrus sp. (Peral) 24, 27, 49, 59, 92

Q

Quercus ilex (Encina) 61, 92
Quercus sp. (Roble, Encina, Alcornoque) 62, 92

R

Rhododendron sp. (Rododendro, Azalea) 29, 85
Ribes nigrum (Grosellero) 24
Robinia pseudoacacia (Falsa acacia) 59
Rosa sp. (Rosa) 50, 51, 71, 86
Rosmarinus officinalis (Romero) 30
Rubus sp. (Frambueso, Zarzamora) 24

S

Salix sp. (Sauce) 62, 93
Sequoiadendron giganteum (Secuoya) 72
Syringa sp. (Lilo) 69, 76, 86

T

Tagetes sp. (Tagetes) 22
Taxodium distichum (Ciprés de los pantanos) 44, 74
Taxus baccata (Tejo) 35, 74, 86
Taxus sp. (Tejo) 44
Thuja occidentalis (Tuya) 44
Thuja sp. (Tuya) 74, 75
Tilia sp. (Tilo) 93

U

Ulmus sp. (Olmo) 59

V

Viburnum lucidum (Viburno) 76
Viburnum opulus (Bola de nieve) 30, 69, 86
Viburnum sp. (Durillo, Bola de nieve), 86
Viburnum tinus (Durillo) 86
Vitis vinifera (Vid, Parra) 24, 26, 49, 80

W

Washingtonia sp. (Palmera de abanico) 61, 93
Wisteria sp. (Glicinia) 40, 41, 80

AGRADECIMIENTOS

Gracias a las facilidades que nos han ofrecido, en las páginas de este libro figuran lugares emblemáticos de los jardines botánicos de Alcalá de Henares, en Madrid, de Soller, en Mallorca, de Córdoba y de Valencia, así como distintas fotografías del Cactario Costa Brava de Gerona y de los Jardines Pinya de Rosa y Marimurtra, ambos en Blanes, en la Costa Brava, zona que también queda reflejada en los espléndidos jardines del Hotel La Gavina de S´Agaró. Ambientes tan representativos como los de los jardines de El Retiro y la Rosaleda de Madrid, el Huerto del Cura, de Elche, y el Museo del Bonsái, sito en Marbella, al igual que el Hotel La Residencia de Deià, en Mallorca, ocupan un lugar destacado.

Fueron muchas las personas que gentilmente abrieron sus domicilios para permitir la toma de imágenes, entre las que deseamos expresar nuestro más sincero agradecimiento a D. Javier Ráez y Dª María Teresa Silva, D. Ángel Baviano y Dª Lola González, Dª Consuelo Pérez, Dª Lola de Alonso, D. Andrés Moltó y Dª Meli Baviano, y D. Antonio Sanz y Dª Clara Fernández.

La singularidad de distintos ejemplos de arte topiario que pueden encontrarse en Losar de la Vera, Extremadura, ocupa un lugar destacado como fiel ejemplo de esta técnica, y en el ámbito profesional, también prestó su desinteresada colaboración Fronda Jardinería, con todo el apoyo de su personal.

A todo lo anterior debe añadirse la entusiasta acogida de los habitantes de las distintas localidades que sirven de marco a todas las imágenes. Gracias, nuevamente, a todos cuantos han colaborado en este proyecto.

INTERPRETACIÓN DE LOS SÍMBOLOS

POR EL TIPO DE ACTUACIÓN

○ Seto
○○ Topiaria
○○○ Convencional

POR EL TIPO DE EJEMPLAR

◆ Formación
◆◆ Estructura
◆◆◆ Ornamental

POR EL TIPO DE USO

❑ Frutal
❑❑ Ornamental
❑❑❑ Funcional